Georg Diez
Emanuel Heisenberg

POWER
TO THE
PEOPLE

Wie wir mit Technologie
die Demokratie neu erfinden

Hanser Berlin

1. Auflage 2020

ISBN 978-3-446-26417-5
© 2020 Georg Diez und Emanuel Heisenberg
Alle Rechte der deutschen Ausgabe
© 2020 Hanser Berlin in der
Carl Hanser Verlag GmbH & Co. KG, München
Umschlag: Anzinger und Rasp, München
Satz: Greiner & Reichel, Köln
Druck und Bindung: GGP Media GmbH, Pößneck
Printed in Germany

INHALT

Einleitung   9

1. Demokratie   21

2. Identität   33

3. Autonomie   55

4. Teilhabe   77

5. Experiment und Bewegung   97

6. Super local, hyper global   119

7. Macht und Empathie   139

Anmerkungen   157
Literaturverzeichnis   167

Für unsere Kinder

»The real problem of humanity is the following: we have paleolithic emotions; medieval institutions; and god-like technology.«[1]

E. O. WILSON

EINLEITUNG

Technologie ist eine Art, zu denken und zu handeln. Darin liegt das konstruktive Potential, eine andere Form von Demokratie und Gesellschaft zu imaginieren und zu gestalten. Wie können Prozesse und Abläufe beschleunigt und transparenter, durchlässiger, partizipativer, gerechter gemacht werden? Wie können Regierung und Repräsentation anders gedacht werden? Wie sollten Märkte verändert werden, damit Eigentum und Besitz kein Hindernis mehr sind für das gute Leben für möglichst viele? Das ist der Optimismus, von dem wir angetrieben sind. Es gibt keine progressive Politik ohne oder gegen Technologie, das ist unsere Überzeugung. Wir verstehen dieses Buch auch als eine Handlungsanweisung, als Aufforderung und Wegweiser, wie so eine andere Politik und Gesellschaft aussehen könnten.

Wir leben, als Weltgemeinschaft, in einem Zeitalter der Angst und des Zorns, so hat es der indische Essayist Pankaj Mishra formuliert[2]; und was das bedeutet, das sehen wir jeden Tag, davon hören und lesen wir in immer schnelleren Zyklen von News, Live-Tickern und Twitter-Stürmen. Es ist die Technologie, die diese Zyklen antreibt, die Kommunikation in Sekundenschnelle ermöglicht und den Kosmos schrumpfen lässt, weil theoretisch jede*r alles jederzeit wissen kann. Oft genug ist aber das Gegenteil der Fall, denn die Explosion des Wissens sorgt für ein Gefühl der Überwältigung und Verunsicherung in wesentlichen Fragen von Wahrheit und Lüge, von Richtig und Falsch, von Gut und Böse. Angst ist eine Folge dieser Überwältigung und steht im Zentrum der Konflikte unserer Zeit: zwischen Arm und Reich, Stadt und Land, Alt und Jung, zwischen Menschen mit unterschiedlicher Herkunft, Hautfarbe, Religion, die in überkommenen politischen Konstruktionen, in Nationalstaaten, zusammenleben und sich zutiefst misstrauen. Und so mag es Leser*innen verwundern, dass wir ausgerechnet der Technologie die Rolle einer integrativen, emanzipatorischen, verbindenden Kraft zutrauen, die diese Angst überwinden kann.

Wie also kommen wir zu unserem Optimismus? Wir haben uns in den vergangenen Jahren und an unterschiedlichen Orten intensiv mit Demokratie und Technologie auseinandergesetzt. Wir haben dieses Buch im Dialog begonnen, und idealerweise sollte es auch so gelesen werden: offen, neugierig und von der Hypothese getragen, dass das Gute möglich ist. Dieser Gedanke, der Kern einer progressiven Politik, verbindet uns. Emanzipation, Individualismus, Empathie, Gerechtigkeit, Solidarität, Menschlichkeit müssen als gedankliche Möglichkeit verfügbar sein, bevor sie realisiert werden können.

Wir kommen aus verschiedenen Feldern, der eine Journalist und Autor, der andere Start-up-Gründer im Bereich Erneuerbare Energien. Wir sind unterschiedlich im Temperament und ähnlich in der Weltsicht. Wir suchen das Neue im Alten und den Kern des Künftigen in der Gegenwart. Wir glauben an den Menschen. Diese Haltung prägt unseren Blick auf Technologie, die in diesem Buch als Werkzeug für Veränderung definiert ist, techné im altgriechischen Wortsinn, ein Tool, das vom Menschen geschaffen wurde und nicht vom Menschen getrennt ist; etwas, das dem Menschen dient.

Und genau an diesem Punkt liegt der Anfang einer anderen Vision von Technologie, zwischen dem Kult des technologisch Machbaren, wie ihn das Silicon Valley verkörpert, und der intuitiven Abneigung gegenüber allen technologischen Veränderungen, die jede wirtschaftliche und vor allem demokratische Innovation blockiert. Zwischen diesen beiden Positionen liegt ein weites Feld von Optionen für eine progressive Politik, und dieses Feld wollen wir ausmessen; wir wollen Vorschläge machen, wie eine andere, gerechtere digitale Demokratie aussehen könnte; wir wollen konkret beschreiben, wie Technologie für alle genutzt und nicht nur für Monopolisten, autoritäre Herrschaft oder rechte Meinungsmache instrumentalisiert werden kann.

Die Argumentation in diesem Buch vollzieht sich dabei in drei Schritten:

1. Technologie ist vom Menschen gemacht.
2. Politik ist die angemessene Form menschlicher Macht.
3. Technologie bietet die Möglichkeit, diese Macht besser und gerechter zu gestalten, wobei sie selbst politischer, also gesellschaftlicher Kontrolle unterliegt.

Es geht uns darum, die Grundlagen demokratischer Praxis für das digitale Zeitalter neu zu beschreiben. Es geht uns um Gestaltung und Veränderbarkeit. Wir sind interessiert an demokratischer Innovation, an anderen institutionellen Formen und an alternativen Marktstrukturen. Genauer gesagt: Wir möchten herausfinden, ob es einen Weg gibt, Technologie ins Zentrum der Demokratie zu stellen, so dass sie weder der extraktiven Logik des gegenwärtigen Kapitalismus gehorcht noch dem chinesischen Modell des staatsgetriebenen und autoritären digitalen Überwachungsapparates, dessen Elemente mittlerweile weltweit eingesetzt werden. Gibt es womöglich sogar eine spezifisch europäische Antwort auf die Fragen der technologischen Revolution, gibt es eine Chance, Europa neu zu denken und zu positionieren, aus dem Geist des verantwortungsvollen Individualismus heraus?

Es ist der europäische Bürger*innengeist, der aus der Aufklärung in die Gegenwart herüberragt und die Möglichkeit demokratischer Innovation auch im digitalen Zeitalter bietet. Ein wesentliches Element ist dabei, dass nach Jahrzehnten der Vorherrschaft neoliberalen Denkens der Begriff und die Funktion des Staates neu definiert werden. Der Staat ist nicht notwendigerweise etwas, das den Bürger*innen entgegensteht, der Staat ist im Idealfall der Bürger, ist eine Ordnung, die von Bürger*innen gemacht wird. Die Bürger*innen selbst sind dabei Akteur*innen, die aktiv eingreifen können und müssen, damit die Demokratie lebendig bleibt und die Wirtschaft sich innovativ und gerecht weiterentwickelt. Der Staat, von dem wir sprechen, wäre ein grundsätzlich anderer als der, den wir heute kennen.

Eine zentrale These dieses Buches ist es, dass das demokratische Denken und Handeln hinter den technologischen Möglichkeiten zurückbleibt. In der politischen Realität der meisten westlichen Demokratien besteht eine Kluft zwischen politischem Anspruch und politischer Wirklichkeit, was tiefgreifende systemische Konsequenzen hat. Die Menschen verabschieden sich vom System und flüchten sich in Vergangenheiten, die Schutz versprechen. Institutionen halten an einer überkommenen Machtlogik fest, weil sie den Wandel fürchten, und das trifft auf politische Parteien genauso zu wie auf traditionelle Medien und große Industrieunternehmen, die immer noch größtenteils von alten weißen Männern dominiert werden, geprägt durch das analoge Zeitalter und ohne Anreiz, Veränderungen zuzulassen.

Dabei hat sich etwas sehr Grundsätzliches verändert: Macht funktioniert im digitalen Zeitalter anders, Kommunikation funktioniert anders, der Markt funktioniert anders, Identität, Individualität, Staat, Nation funktionieren anders – also müssen wesentliche Elemente einer demokratischen Grundordnung im 21. Jahrhundert neu gedacht werden. Und tatsächlich gibt es längst Innovationen wie die Blockchain- und Peer-to-Peer-Technologien, die es ermöglichen, Wirtschaft und Gesellschaft dezentraler und individuell steuerbarer zu gestalten.

Problematisch für progressive Positionen ist dabei die Tatsache, dass der gegenwärtige Diskurs über das Internet und die digitalen Möglichkeiten überlagert wird von einer negativen Realität, die die Harvard-Professorin Shoshana Zuboff[3] als »Überwachungskapitalismus« zusammengefasst hat – die Macht von Konzernen, mit digitalen Mitteln Freiheitsrechte einzuschränken. Kostenfreie Leistungen wie E-Mail-Dienste, Suchmaschinen oder soziale Netzwerke werden mit Informationen bezahlt, die die anbietenden Konzerne speichern, auswerten und analysieren. Diese Form der Überwachung wird anschließend als Prognose-Produkt verkauft, wobei der Mensch in seinen Handlungen und seiner Nachfrage als berechenbar gilt. Seine privaten Daten werden Teil einer Produktwelt.

Besonders in autoritären Staaten zeigen sich bereits die Auswirkungen der Vernetzung von Daten, wenn beispielsweise in China Fußgänger beim Überqueren einer roten Ampel gefilmt werden, wobei ihre Bewegungen und Gesichtszüge analysiert und mit Datenbanken abgeglichen werden. Der Regelverstoß geht dann in ein Scoring-System ein, das darüber entscheidet, ob jemand einen Platz an der Universität oder eine Wohnung erhält. Die Technologie ist dadurch mächtiger und effektiver als jeder Polizeiapparat, denn sie ist allgegenwärtig.

Aber nichts muss so sein, wie es ist. Technologie fällt nicht vom Himmel, sie ist nicht Werkzeug von abstrakten Mächten, sie ist politisch und gesellschaftlich verhandelbar und damit ein Teil der Kultur. Emanzipation entsteht aus der Aneignung und Veränderung der Technologie selbst. Alles könnte anders sein. Das ist ein weiterer Grundgedanke dieses Buches: Die Suche nach radikalen Alternativen, nach neuen Strukturen, Praktiken, Institutionen, die eine lebendigere, direktere, andere Demokratie ermöglichen, beginnt mit der Frage nach einer demokratischen oder demokratisierten Technologie.

Der brasilianische Denker Roberto Mangabeira Unger spricht mit emanzipatorischem Optimismus von einer »high-energy democracy«, im Gegensatz zur »low-energy democracy«[4] unserer Tage, in welcher Angst und Fehlervermeidung zu Triebkräften werden, die den Status quo von Regierung, Staat und Markt aufrechterhalten, als seien in der gegenwärtigen Form alle Möglichkeiten sozialer und politischer Innovation erschöpft. Demokratie aber ist eine Verabredung zur Veränderung, und nicht alle, die diese Veränderung wollen, bringen eine Botschaft von Untergang und Zerstörung, Disruption genannt.

Technologie, empfunden als Rätsel, Schicksal oder Bedrohung, ist damit Teil der gegenwärtigen Abwärtsspirale demokratischer Praxis. Sie erscheint als eine externe Kraft, die unser Leben auf eine unkontrollierbare Art und Weise bestimmt. Aber Technologie hat eine Geschichte, hat Akteure, die Interessen haben und Intentionen. Technologie ist immer eingebettet in ein Gefüge von Macht, Technologie verschiebt Macht. Die Beschreibung von Technologie als etwas, das dem Willen und der Kontrolle des Menschen entzogen ist, dient nur dazu, die Demokratie zu schwächen, indem sie ihrer Handlungsfähigkeit beraubt wird.

Die Wahl von Donald Trump 2016 und das Brexit-Votum im selben Jahr haben diesen Eindruck verstärkt. Die beiden Ereignisse hängen miteinander zusammen, das zeigen auch personelle und technologische Verbindungen: Die Firma Cambridge Analytica arbeitete sowohl für die Trump- als auch die Leave-Kampagne und nutzte massive Datensätze von Facebook[5], um Wähler*innen zu manipulieren. Beiden Ereignissen liegen reale politische, ökonomische und soziale Entwicklungen zugrunde. Beide Ergebnisse wären aber, das kann man vom heutigen Standpunkt aus mit ziemlicher Sicherheit sagen, anders ausgefallen, wenn die destruktive Macht der digitalen Technologien besser verstanden worden wäre.

Beide Ereignisse zeigen auch, dass reaktionäre Kräfte daran arbeiten, eine neue Weltordnung zu schaffen, nationalistisch, protektionistisch, gegen Multilateralismus und Menschenrechte. Im Gespann mit autoritären Regimen wie in China oder Russland, die beide ihre je eigene Form des Kapitalismus ohne wesentliche demokratische Kontrolle geschaffen haben, bildet sich damit ein Muster für eine Regierungsform des 21. Jahrhunderts heraus, die die Rolle und die Rechte des Einzelnen einschränkt und eine Art Neofeudalismus etabliert – eine rigide Klassen- und Überwachungsgesellschaft, die von einer avancierten technologischen Praxis gestützt wird.

Was bislang fehlt, ist eine echte progressive Alternative, eine zusammenhängende politische Philosophie, ein Plan. Doch in unserer Zeit gilt: Je schneller sich die Verhältnisse verändern, desto schwieriger wird wirkliche Veränderung. Das Denken hetzt der Wirklichkeit hinterher, die Technologie ist schneller als die Demokratie, und die Möglichkeiten konkreter Utopien scheitern daran, dass es eine Wissenslücke zwischen Denken und Handeln gibt. Das war immer so in revolutionären Zeiten.

Genau an der Stelle wollen wir ansetzen: Wie könnte eine andere Welt, wie eine andere Politik aussehen, die sich den Herausforderungen unserer Zeit stellt und sich nicht im Alten versteckt? Eine Politik, die die Bedingungen und die Chancen des Neuen nutzt, um eine tatsächlich gerechtere Gesellschaft zu schaffen. Es geht um die Frage, wie sich Technologie und Demokratie so ergänzen können, dass am Ende nicht die Demokratie auf der Strecke bleibt.

Denn das ist die Gefahr, wenn die Lösungen der gegenwärtigen Probleme vor allem in den technologischen Mitteln und Möglichkeiten gesehen werden, eine Gefahr des »Solutionismus«, wie es der politisch-technologische Denker Evgeny Morozov genannt hat[6] – der Glaube, dass Technologie alle Probleme lösen kann, womöglich auch die, die sie selbst verursacht hat. Mehr noch, indem der Solutionismus ganz auf technologische Rationalität setzt, werden andere wichtige Argumente und Überlegungen ausgeschlossen, die helfen, eine andere Welt, eine andere Gesellschaft, eine andere Technologie zu imaginieren.

Vor allem ökonomische und politische Ansätze fehlen in der Diskussion. Es scheint, dass es in den wesentlichen Diskussionen unserer Zeit an Verständnis dafür mangelt, wie wichtig, wirkungsvoll und wirkmächtig Politik ist; oder sein kann. »Kapitalistischer Realismus«[7], so hat der britische Theoretiker Mark Fisher die angebliche Alternativlosigkeit eines Wirtschaftssystems beschrieben, das das Denken im Möglichkeitsraum für beendet erklärt hatte.

Technologische Entwicklungen wurden zu lange als etwas betrachtet, das außerhalb der Koordinaten der demokratischen Entscheidungsfindung stattfindet. Aber die Demokratie, das große Gespräch, muss sich der Technologie öffnen, genauso wie sich die Technologie, die Unternehmen, die Entwickler*innen Fragen der Gesellschaft öffnen müssen, was etwa die Ethik ihrer Erfindungen angeht, den möglichen Missbrauch und die sozialen Folgen, wenn Technologiekonzerne die materielle Umverteilung und Veränderung von Lebensverhältnissen in einer nie dagewesenen Geschwindigkeit beschleunigen. Diese Sicht, die über den Einzelnen hinausgeht und die Frage nach dem Ganzen im Blick hat, muss wieder eingeübt werden, wenn Lösungen für die bestehenden und kommenden technologischen Herausforderungen gefunden werden sollen.

Von Seiten der Politik bedarf es einer selbstbewussten Umgangsweise in Form von Fachkompetenz, Einbindung von Expert*innen und Offenheit gegenüber technologischen Problemlösungen. Und von Seiten der Technologieszene bedarf es eines Innehaltens und der Einsicht, dass nicht alle Probleme der Welt mit Technologie gelöst werden können; ja, dass manche dieser Probleme erst durch Technologie geschaffen wurden.

Letztlich geht es bei all dem um die Frage, wie wir leben wollen. Was uns wichtig ist als Gesellschaft. Wie wir die Rechte des Einzelnen und die Zukunft des Menschen sehen. Denn die Klimakrise zeigt, wie dringlich die Themen sind, die uns in diesem Buch beschäftigen. Die Zeit, die uns bleibt, fossile Energie zu konsumieren, lässt sich berechnen. Wir werden unser Wirtschaften, unseren Alltag, womöglich auch unser politisches System ändern müssen. Und wir benötigen Technologie, um unser Leben, unseren Konsum, unsere Gewohnheiten auf einen nachhaltigen Ressourcenverbrauch umzustellen. Von dieser Umstellung wird unsere Demokratie abhängen. Sollten wir nicht reagieren, wird die Erde durch Hitzewellen, Trockenheit, Überschwemmungen und andere Klimaauswirkungen nur noch in Teilen bewohnbar sein. Das Zeitfenster ist nicht hypothetisch, sondern wissenschaftlich berechenbar. Es definiert sich durch das sogenannte Carbon Budget, das darstellt, wie hoch die vom Menschen verursachten Treibhausgasemissionen jährlich sind und wie viele Jahre uns bleiben, unsere Emissionen zu verringern, damit wir das Ziel von 1,5 Grad Erderwärmung nicht überschreiten.

In diesem komplexen Modell werden alle vom Menschen verursachten Emissionen addiert, derzeit sind es rund 42 Gigatonnen, also 42 Milliarden Tonnen Kohlendioxid (CO_2-Equivalent), wenn man neben Energieverbrauch auch Verkehr, Landwirtschaft und die Industrie mit einberechnet. Der Sonderbericht des Weltklimarats (IPCC) von 2018 schätzt das verbleibende Budget auf 420 Gigatonnen, wenn wir die 1,5 Grad nicht überschreiten wollen.[8] Nach dieser Rechnung bleiben uns also zehn Jahre, um die Emissionen auf »Net Zero« oder »Netto Null« herunterzubringen. Ein Jahrzehnt für eine vollkommene Dekarbonisierung.

Deswegen muss jeder Politikentwurf radikal ökologisch gedacht sein, will er den Herausforderungen unserer Zeit begegnen. Unser Regierungssystem muss danach beurteilt werden, wie demokratisch gewählte Parteien und Regierungen die Klimakatastrophe abwenden wollen. Denn die Demokratie zu verteidigen, heißt, die Lebensgrundlagen der Menschen zu verteidigen. Unser Gesellschaftssystem muss sich in einem Jahrzehnt mehr verändern als in dem Jahrhundert nach 1850, als sich Europa von einer Agrargesellschaft in eine Industriegesellschaft verwandelte. Diese ökologische Transformation, das haben die Ideen der Vordenker*innen eines Green New Deal in den USA und Großbritannien gezeigt, bringt viel mehr als eine Dekarbonisierung unserer Infrastruktur, Gebäude, Konsumgüter und unseres Finanzsystems. Nur eine derart große Transformation kann eine gerechtere und transparentere Gesellschaft, eine demokratischere Lebensweise ermöglichen.

Das ist, wenn man so will, die utopische, die real-utopische Dimension dieses Projektes, die Notwendigkeit, jenseits der Gegebenheiten zu denken. Gerade in Deutschland sehen wir einen Mangel an Möglichkeitssinn, der gesellschaftlich gefährlich wird und politisch problematisch. Wenn sich die Realität reduziert, regiert reaktionäres Denken. Politik braucht Imagination. Politik braucht eine Vorstellung davon, wie eine andere, bessere Welt aussehen könnte. Auf dem Weg dorthin gibt es keinen klaren Plan, keine Karte. Das Mittel des rationalen, empathischen Verstandes ist der Kompass, »a sense of direction«[9], wie es der amerikanische Autor Gideon Lewis-Kraus genannt hat.

Die Richtung also muss klar sein. Wir werden als Gesellschaften und als Individuen etwas riskieren müssen, um etwas zu verändern. Wir werden manches verlieren, um anderes zu gewinnen. Es sind Zeiten der Resistenz und des Widerstandes, es sind Zeiten des systemischen Denkens und des Zweifels am System. Wir sind viele, aber wir spüren es nicht.

Was wir vor uns sehen, ist die Möglichkeit einer demokratisch-digitalen Revolution von unten, einer technologischen Graswurzelbewegung, die das politische wie das kybernetische Denken der 60er Jahre des vergangenen Jahrhunderts wiederaufnimmt. Es geht um uns alle. Nur gemeinsam können wir das schaffen. Power to the people!

1. DEMOKRATIE

- Politik bedeutet Gestaltung.
- Technologie ist die Form der Veränderung.
- Wir müssen Politik und Technologie gemeinsam denken, um Veränderung zu ermöglichen.

Die Widersprüche zwischen demokratischer Praxis und Theorie reichen bis zu den Ursprüngen von Demokratie. Bereits Plato beklagte die demokratische Praxis seiner Zeit; herrschen sollten am Ende besser die Wenigen und die Klugen, die Philosophenkönige, weil den Menschen in ihrer Masse nicht zu trauen sei. Diese Skepsis, Abneigung oder Angst dem Volk gegenüber durchzieht die gesamte Geschichte der Demokratie, von der antiken Agora bis zu den digitalen Foren, und manifestiert sich in Form parteiengestützter parlamentarischer Demokratien, die auf diversen Kontrollmechanismen basieren.

Der britische Politikwissenschaftler David Runciman sieht in der Gründung der Demokratie in Athen gleich eine dreifache Angst am Werk: die Angst vor den Armen, die Angst vor den Ungebildeten, die Angst vor den Jungen.[1] Die Demokratie, so wie sie Runciman skizziert, wäre demnach kein System gewesen, in dem Macht geteilt, sondern vielmehr ein System, in dem Macht legitimiert werden sollte. Die Angst der Wenigen vor der Mehrheit, dem Volk, bestimmte diesen Diskurs, und die Mehrheit, die Vielen, die Ungebildeten, die Armen, die Jungen, stellte ein Problem dar und nicht die Lösung. Die etablierte Machtelite musste sich fragen, wie sie ihre Stellung in ihrer zahlenmäßigen Minderheit behalten und doch die Belange der Mehrheit bedienen konnte.[2]

Die Antwort, die Runciman gibt, ist bestürzend einfach: durch Wahlen. Wahlen begegneten den Ängsten der Eliten in der Form, dass alle gefürchteten Gruppen vom demokratischen Prozess ausgeschlossen waren: die Ungebildeten, weil sie an den komplexen Debatten nicht teilnehmen konnten, die Armen durch die aufwendige Finanzierung von Wahlkämpfen und die Jungen durch mangelnde Erfahrung. Alle diese Faktoren, so Runciman, haben sich inzwischen elementar verändert.[3] Es gibt keine Mehrheit der Ungebildeten, die Jungen sind in vielen westlichen Staaten in der Minderheit, und auch die Armut ist relativ geworden, selbst wenn die Ungleichheit wächst. Was bedeutet es aber für ein System, das auf Ängsten gebaut ist, wenn sich die Gründe für diese Angst verschoben haben?

Wovon also reden wir, wenn wir von Demokratie sprechen? Reden wir davon, dass die Macht vom Volke ausgeht, egal, was dieses Volk will? Reden wir von einem Wertesystem, das dieser Demokratie unterliegt, entstanden aus dem Geist des Universalismus und der Menschenrechte? Reden wir davon, dass Nation und Demokratie zusammengehören? Reden wir davon, dass Demokratie und Freiheit zusammengehören, Demokratie und der freie Markt, Demokratie und Kapitalismus? Wie verhält es sich mit Demokratie und Republik, wie mit Demokratie und Liberalismus als bürgerlichem Werte- und Rechtssystem?

Historisch betrachtet gibt es weder *die* Demokratie als

solche, noch kann die gegenwärtige Gestalt demokratischer Herrschaftsformen als unveränderbar oder gar vollkommen betrachtet werden. Dies zeigt sich zum Beispiel mit Blick auf die Regelungen der Altersgrenzen bei demokratischen Wahlen: Warum etwa sollte in Zeiten der drohenden Klimakatastrophe und der massiven technologischen Umwälzungen die Wählerschaft auf Menschen über 18 Jahren begrenzt sein? Mit welchem Argument schließt man 16-Jährige, 12-Jährige, 8-Jährige vom demokratischen Prozess aus – Menschen, die viel stärker von den Folgen heutiger Entscheidungen betroffen sein werden als die Älteren und die folglich ein Mitspracherecht verdient hätten? Eigentlich sollte ihre Stimme mehr zählen als die der Älteren, eigentlich fehlt eine Art chronopolitische Zukunftsdividende.

Es braucht eine größere Offenheit, Partizipation und Transparenz für die demokratischen Prozesse, eine Durchdringung von politischer Debatte und bürokratischer Entscheidung, eine stärkere Hitze und größere Intensität des täglichen Miteinanders in konstruktiver Art und Weise, ein Bewusstsein dafür, dass der Staat nichts Abstraktes ist, sondern nur eine Abstraktion dessen, was wir sind, als Gemeinschaft, Gesellschaft, Bevölkerung. Ein neues, anderes Bewusstsein ist elementar, wenn es darum geht, eine andere Demokratie zu denken, zu sehen, zu realisieren. Technologie schult dieses Bewusstsein, schafft eine andere Sicht auf uns, auf andere, auf die Welt, den Kosmos, rückt sie gleichzeitig näher an uns heran und weiter von uns weg, je nachdem, wie wir Technologie einsetzen und benutzen.

Die technologische Entwicklung ermöglicht damit ein produktives Nachdenken über fundamentale Fragen wie die des

Stimmrechts, der Partizipation weit über den Menschen hinaus. Wer sagt, dass nicht Tiere, die immer öfter eigene Rechte zugesprochen bekommen, auch demokratische Rechte verdienen, eine Stimme, eine Form der Autonomie, die Möglichkeit, über ihr eigenes Schicksal mitzubestimmen? Wer sagt, dass die Natur, Ozeane, Flüsse, Wälder, nicht an den Entscheidungen beteiligt sein sollte, die das Schicksal dieses Planeten bestimmen?

Und wenn es um die Bedrohung des Menschen durch mächtige Maschinen geht, die mit menschenähnlichen oder dem Menschen überlegenen kognitiven Fähigkeiten ausgestattet sind, wie verhält es sich umgekehrt mit dem Schutz der Maschinen vor menschlicher Willkür, was bedeutet die radikale technologische Entwicklung also für die Frage, ob nicht nur Menschenrechte für Roboter gelten sollten, sondern überhaupt, ob Roboter, Maschinen, Algorithmen eine eigene Stimme in der demokratischen Praxis bekommen sollten? Die Demokratie verändert sich und reicht über den Menschen hinaus, auch das ist eine Konsequenz der technologischen Entwicklungen.

Die Krisenbeschreibungen und Pathologien der vergangenen Jahre erscheinen damit in einem etwas anderen Licht. Sie beschreiben die gegenwärtige liberale und parlamentarische Demokratie, die durch illiberale Kräfte bedroht wird: etwa Yascha Mounks »Der Zerfall der Demokratie«[4], David Runcimans »How Democracy Ends«[5] oder »Wie Demokratien sterben«[6] von Steven Levitsky und Daniel Ziblatt. Und schon 2008 hatte der amerikanische Politikwissenschaftler Larry Diamond von einer »globalen Rezession«[7] der Demokratie gesprochen, eine Zeitdiagnose, die an Aktualität wenig eingebüßt hat.

Ein Jahrzehnt später ist die Bedrohung der liberalen Demokratie zum Teil von den Rändern bis ins Zentrum des Westens gewandert: Der amerikanische Präsident Trump, der ungarische Präsident Orban, der britische Premierminister Boris Johnson, Brasiliens Präsident Bolsonaro, Präsident Erdoğan in der Türkei, der postdemokratische Zar Putin – das sind die Protagonisten eines autokratischen Zeitalters mitsamt seinem aggressiven Nationalismus, seiner Einschränkung wesentlicher Grundrechte, seiner kleptokratischen Auswüchse. Sie stehen alle auf unterschiedliche Weise für einen Angriff der Exekutive auf den Parlamentarismus und die zerbrechliche Architektur der Gewaltenteilung. Und für einen Angriff auf die Rechte der Bürger.

Um das Veränderungspotential der Demokratie zu verstehen, ist es deshalb wichtig zu erkennen, dass sich Demokratie nicht linear entwickelt und nicht grundsätzlich mit dem technischen Fortschritt wächst und gedeiht. Sie verläuft zyklisch, in globalen Trends. Auf die Renaissance demokratischer Ideen nach dem Ersten Weltkrieg, wobei den Kolonien demokratische Rechte noch weitgehend vorenthalten wurden, folgte der Blackout der Barbarei des Zweiten Weltkrieges: 1941, im Jahr des deutschen Angriffs auf die Sowjetunion, waren weltweit nur elf Demokratien übrig geblieben. Von 1970 bis zur Jahrtausendwende stieg die Zahl der parlamentarischen Demokratien wieder von 35 auf nahezu 120 an. Im Jahr 2000 lebten rund 63 Prozent der Weltbevölkerung unter demokratischer Regierung.[8]

Mit dem Kollaps des Kommunismus in Osteuropa erreichte die demokratische Beschleunigung schließlich ihren Höhepunkt. Der US-Politologe Francis Fukuyama beschrieb im

Sommer 1989 in seinem Essay »The End of History?«, dass der Fall der Mauer vielleicht nicht nur das Ende des Kalten Krieges und der Nachkriegszeit bedeutete, sondern einen Endpunkt der ideologischen Entwicklung der Menschheit, eine »Universalisierung westlicher Demokratie, als die finale Form menschlicher Regierungsform«[9].

Die Ausbreitung westlicher, kapitalistischer Demokratien hat allerdings den Blick darauf verdeckt, dass Demokratie keine notwendige Bedingung für Wohlstand und wachsende Kaufkraft der Bevölkerung ist, dass das demokratische System nicht per se nichtdemokratischen Systemen an wirtschaftlicher Effizienz überlegen ist. Zwar sind »gute Institutionen«, die das Eigentum schützen und für Rechtssicherheit und Investitionsmöglichkeiten sorgen, eine Bedingung für Wohlstand, so beschreiben es die US-Ökonomen Daron Acemoglu und James A. Robinson in ihrem einflussreichen Buch »Warum Nationen scheitern: Die Ursprünge von Macht, Wohlstand und Armut« – doch »gute Institutionen«, so scheint es, können auch in autoritären Regimen existieren.[10]

Das zeigt etwa ein Vergleich der amerikanischen und chinesischen Wirtschaft. In den USA hat sich in der größten Wachstumsphase der Lebensstandard der Bevölkerung in 30 Jahren verdoppelt – in China verdoppelt sich derzeit die Kaufkraft der Bevölkerung alle zehn Jahre.[11] Nur wird diese Steigerung der Kaufkraft mit einem Einschnitt in Freiheit und einer Vernichtung natürlicher Ressourcen erkauft.

Auch technologischer Fortschritt findet nicht nur in freien Gesellschaften statt. Die Regierungsform der technologisch hochgerüsteten Autokratien, auch »digital authoritarianism« genannt[12], hat im vergangenen Jahrzehnt große

Stabilität bewiesen und eine große Kompetenz darin, die neuesten Technologien zu ihren Zwecken einzusetzen. Gleichzeitig birgt die technologische Macht autokratischer Systeme die Gefahr, dass diese Kraft gegen die Bürger*innen verwendet wird.

China etwa entwickelt Überwachungstechnologien auf Basis von Datenauswertung, Saudi-Arabien arbeitet an Meinungsunterdrückung durch Bots, also an automatisierter Zensur durch Software, Russland hat große Abteilungen, die Fake News, also Desinformation, streuen. Trotzdem wird nicht nur in akademischen Zirkeln diskutiert, ob autoritäre Staaten wie China besser auf die Herausforderungen des Klimawandels reagieren können, weil sie imstande sind, top-down Entscheidungen zu treffen, die bottom-up zu lange Zeit brauchen würden.

Demokratische Systeme sind nicht notwendigerweise autokratischen ökonomisch überlegen. Die Weltwirtschaft durchläuft seit 1970 eine Phase eher langsamen Wachstums der Arbeitsproduktivität. Wohlstand, der durch Wachstum gesichert wird, so die gängige Logik und politische Praxis der etablierten Parteien, ist aber entscheidend, um Wahlen zu gewinnen. Die Verteilung oder das Versprechen von Wohlstand sind wichtige Argumente, wenn es darum geht, wem man seine Stimme gibt. Die konsensorientierte Demokratie im Westeuropa der Nachkriegszeit beruhte auf diesem Verteilungskompromiss. Was aber, wenn es immer weniger zu verteilen gibt? Was, wenn Wachstum nicht mehr möglich ist oder wünschenswert, weil es den Planeten zerstört? Was, wenn die wachsende Ungleichheit, die fast alle westlichen Gesellschaften prägt, zu einer Gefahr für die Demokratie wird? Was, wenn das die Logik des Systems ist, wenn also eine Abkehr von Wohlstand und Wachstum nicht möglich ist?

Es ist das Ziel dieses Buches, diese komplexe Dreiecksbeziehung von Demokratie, Technologie und Kapitalismus zum Ausgangspunkt zu nehmen, um einen anderen Markt mit digitalen Mitteln zu skizzieren, eine andere Demokratie zu beschreiben, die direkter, nachhaltiger, experimenteller, gerechter und weniger ausgrenzend ist. Die Rettung der Demokratie kann nur durch mehr Demokratie erreicht werden, eine Demokratie, die sich nicht in der Logik des Alten verschanzt und in Abwehrkämpfen verliert. Das Vertrauen in die Möglichkeiten der Menschen, wenn sie sich zusammenschließen, ist der Schlüssel für eine bessere demokratische Praxis. Viele aussichtsreiche Ansätze und Antworten auf die gegenwärtige politische, ökonomische und auch ökologische Krise erwachsen aus diesem Vertrauen – von der Open-Source-Bewegung, die den Begriff des geistigen Eigentums in technologischen und letztlich auch in anderen Feldern in Frage stellt, über die Diskussion von Commons, Formen des Gemeinschaftseigentums, bis hin zu offeneren Möglichkeiten der demokratischen Praxis wie der deliberativen Demokratie.

Wie lässt sich also Demokratie in der spätmodernen Gesellschaft organisieren? Ist der Nationalstaat die angemessene Ebene? Oder sind es kleinere Einheiten, in denen direkte demokratische Praxis für Bürger*innen erlebbar ist? Diese Dezentralisierung, als technologisch geprägtes politisches Konzept, ist eines der wichtigen Motive des progressiven Internet-Diskurses, sie ist eine der ursprünglichen Utopien des digitalen Denkens, sie bleibt das Ideal einer Welt, die in Netzen organisiert ist.

Damit stellt sich auch die Frage, wie zeitgemäß die Form der repräsentativen Demokratie überhaupt noch ist. Ausgehend von den Erfahrungen der Industrialisierung, wurde ein demokratisches System entlang des Prinzips der Arbeitsteilung geschaffen. Arbeiter*innen und Angestellte delegierten ihren politischen Willen an Politiker*innen, die diese Aufgabe zu ihrem Beruf machten.

Doch ein solches System ist zunehmend weniger sinnvoll, wenn man die machtvolle Rolle von Parteien, die vorsortierende Funktion von Parteilisten und die verzerrte Repräsentation der Gesellschaft bedenkt. Wenn außerdem die digitalen Welten dauernde Anwesenheit ermöglichen, weil jede*r ständig mitverfolgen kann, welche Entscheidungen getroffen werden, oder, unabhängig von Ort und Zeit und mithilfe von Bots, selbst Teil dieses Entscheidungsprozesses sein kann – wie lässt sich dann die analoge Form der Repräsentation überhaupt noch rechtfertigen?

Eine radikale Variante wäre es, dass die Wähler*innen sich direkt durch Künstliche Intelligenz vertreten lassen, dass also Algorithmen unsere Interessen und politischen Überzeugungen abbilden. Provokant zugespitzt, hieße das: Roboter, also Algorithmen und Künstliche Intelligenz, ins Parlament. Benötigen wir dann noch Repräsentanten, und wenn ja, über was sollen Abgeordnete in Zukunft und mithilfe welcher Technologien abstimmen? Welche Fragen sollten Algorithmen direkt entscheiden, wer sollte die Algorithmen überwachen, welche Kontrollinstanzen würden menschlichen Überwachungsgremien überlassen bleiben? Oft wirken nicht nur Abgeordnete, sondern auch die parlamentarischen Ausschüsse mit der Komplexität der Sachthemen überfordert – die meisten

Probleme unserer Gegenwart, nicht bloß in der Energie- und Klimapolitik, lassen sich nur mit Fachwissen lösen.

Im Grunde steht der gesamte parlamentarische Prozess in Frage. Wie notwendig sind physische Sitzungen, das menschliche Aufeinandertreffen, um gutes demokratisches Handeln zu ermöglichen? Wie notwendig sind die Debatten im Bundestag, die oft vor spärlicher Kulisse stattfinden? Wie ließen sie sich durch den Einsatz digitaler Technologie lebendiger, durchlässiger, transparenter und letztlich demokratischer gestalten?

Wie wir in unserer Demokratie mit Technologie umgehen, ist auch eine Generationenfrage. Nur 13 Prozent der Bundestagsabgeordneten sind »digital natives«, also 1980 oder später geboren. Kaum jemand von ihnen hat selbst Technologie entwickelt. Und so wirken die Digitalstrategien der Parteien uninformiert und ratlos. Ein progressiver Umgang mit Technologie nützt vor allem der jungen Generation, weil Investitionen in Digital-Infrastruktur, Forschung oder auch Digitalservices der Verwaltung langfristig sind. Die politische Dimension von Technologie zu erkennen und Veränderung zu organisieren, überfordert viele Repräsentanten.

Technologie kann einen befreienden und einen unterdrückenden Charakter haben – das ist auch der Grundwiderspruch der Demokratie seit 2500 Jahren, den der amerikanische Philosoph Cornel West auf den Punkt gebracht hat: Demokratie ist die Herrschaft der Mehrheit, Demokratie kann nie die Herrschaft der Mehrheit sein. Sonst, so West, wäre es Tyrannei. Technologie könnte uns dabei helfen, die Rechte von Minderheiten zu schützen. Sie könnte helfen, die Ungehörten und Ausgeschlossenen in den Diskurs einzubringen. Doch um das zu erreichen, wären Regeln und Regulierungsmechanismen notwendig, die erst entwickelt werden müssen. Was vor allem geklärt werden muss, ist die Frage, welche Rolle der Staat dabei spielt, welche Funktion die Wirtschaft, die Konzerne, die Universitäten und schließlich die Technologen selbst übernehmen.

Demokratie, das zeigt sich in diesen Zeiten einmal mehr, ist nie fertig, sondern ständig im Werden. Sie ist eine Verabredung von Abläufen und Institutionen, sie ist aber vor allem eine geistige Konstruktion – nicht substantivisch, wie man denken könnte, sondern wie ein Verb. Demokratie ist nichts Abgeschlossenes, sie ist eine Tätigkeit. Die amerikanische Theoretikerin und Filmemacherin Astra Taylor meint, inspiriert von den antikapitalistischen Protesten von Occupy Wall Street 2011, es sei nicht die Mitte, es seien die Ränder, die Ausgegrenzten, die Nicht-Gehörten, die die Demokratie ausmachen: »you have to do it to know it.«[13]

Demokratie muss gemacht werden. Sie bleibt ein Experiment. Das gilt für den Menschen im technologischen Zeitalter. Das gilt für den Menschen in der technologischen Demokratie.

Die Krise der Demokratie ist auch eine Krise der Repräsentation, also der Frage, wer sich in der Demokratie wiederfindet, welche Interessen dominieren, welche Mittel, Möglichkeiten, Orte gefunden werden, um die verschiedenen gesellschaftlichen Positionen und Interessen zu vereinen. In der repräsentativen Demokratie ist dieser Ort das Parlament. In der digitalen Demokratie aber verliert das Parlament seine Bedeutung.

Die Technologie bietet andere Möglichkeiten der Repräsentation, der demokratischen Teilhabe und des Interessen-
ausgleichs. Diese Möglichkeiten müssen genutzt werden für
eine progressive Politik, sonst verkümmert die Demokratie.
Die Attraktion autoritärer Alternativen – von Trump bis China – zeugt von der inneren wie äußeren Schwäche der Demokratie. Sie muss grundsätzlich neu gedacht werden für das
digitale Zeitalter, sonst hat sie keine Zukunft.

2. IDENTITÄT

- Technologie ist weder gut noch böse.
- Wir können entscheiden, wie wir Technologie nutzen und gestalten wollen.
- Wir alle tragen die Verantwortung für unsere technologische Zukunft.

Ein Ergebnis der Moderne ist die doppelte Identität des Menschen, als Individuum und als Bürger*in, konkret und abstrakt, privat und politisch. Diese Trennung ist für die Sicherung bestimmter Freiheitsrechte essentiell, die der Staat garantiert durch die Macht seiner Institutionen, Pass und Namensrechte etwa, verbunden mit bürgerlichen Pflichten wie Steuern. Wenn nun diese Trennung in der digitalen Revolution kollabiert, steht die Demokratie vor der Herausforderung, die Freiheitsrechte neu und anders zu sichern.

Und auch die Institutionen müssen sich wandeln.

Die technologische Logik schafft eine eigene politische Praxis, und wenn die Funktionsweisen des einen nicht mehr der Gestalt des anderen entsprechen, führt das irgendwann zu einem Riss im Gefüge der Zeit – aus technologischen werden politische Revolutionen. Das war zu Beginn des Maschinenzeitalters der Fall, als die Umsturz- und Freiheitsbewegungen in Amerika und Frankreich der Neuzeit ihr demokratisches Gesicht gaben, ihre parlamentarische Form und ihre rechtliche Logik; und das könnte jetzt, am Beginn des Informationszeitalters, wieder der Fall sein, wenn die Widersprüche zu groß werden und die Institutionen und Akteure nicht in der Lage sind, die notwendigen und tiefgreifenden Veränderungen in den grundlegenden gesellschaftlichen und vor allem politischen Fragen vorzunehmen, um die Zurückgelassenen aufzufangen.

Tatsache ist: Das Zeitalter des materiellen Wachstums auf Kosten der Natur, gestützt durch produzierende, dem Menschen dienende Maschinen, ist an ein Ende geraten. Welches System wird auf den Materialismus des 20. Jahrhunderts und seine parlamentarische Repräsentation folgen? Für den Menschen stellt sich darüber hinaus die Frage, wie er mit Maschinen umgehen will, die eigene Autonomie beanspruchen. Diese Entwicklungen konfrontieren den Menschen auf fundamentale Weise mit sich und mit seinem Selbstbild. Die Bandbreite an Reaktionen auf diesen Umsturz ist groß: Angst, Ablehnung, Anpassung, Auflehnung oder Rückbesinnung auf die Vernunft der Aufklärung, die den Menschen in den Mittelpunkt stellte und die Welt nach seinen Maßstäben konzipierte. Der Mensch könnte bald seine Sonderstellung als intelligentestes und anpassungsfähigstes Wesen auf der Erde verlieren, wenn sich die künstliche Intelligenz der Roboter weiterhin so rasant entwickelt, wenn Maschinen eigene Autonomie beanspruchen und das Selbstbild des Menschen auf fundamentale Weise gefährden.

Die Vernunft ist damit nicht an ein Ende gekommen – aber doch in eine elementare Krise geraten, die sich mindestens aus der Tatsache der menschengemachten Klimakrise ergibt: Wenn sich die Welt so darstellt, dass sie für den Menschen gemacht ist, zu seiner Ausbeutung, dann ist das Ergebnis dieses Denkens zunehmend katastrophal. Die Erde, die sich der Mensch mit biblischem und neuzeitlich-kapitalistischem Auftrag untertan gemacht hat, rebelliert auf ihre Weise. Die institutionellen und gedanklichen Grundlagen des Maschinenzeitalters stehen damit in Frage: die Epoche von Stahl und Kohle, die so konstruktiv war, bis sie zerstörerisch wurde.

Die parlamentarische Demokratie hat ihre Form gefunden im Kontext dieser industriellen und technologischen Entwicklungen, Entscheidungen, Zwänge, und sie gehorcht in vielem noch immer einer Produktionsweise, die vor 300 Jahren begonnen hat. In der Moderne hatte das, was in den Fabriken und in der industriellen Massenproduktion stattfand, eine Entsprechung in der Bürokratie und der Konstruktion des Subjekts. Automatisierung und Standardisierung waren die Grundlagen der erfolgreichen Fabrikproduktion; Abstraktion und Objektivierung waren die Grundlagen für die Identität als Bürger*in – ein Prozess der Vereinheitlichung und Verlässlichkeit, weil es eine zentrale Institution gab, die die Existenz eines spezifischen Menschen anerkannte und dabei auch die Gemeinsamkeiten und Unterschiede zu anderen Menschen absicherte und garantierte.

Noch heute speist sich die Identität von Bürger*innen in einer arbeitsteiligen Gesellschaft aus zwei unterschiedlichen Richtungen, aus der Rolle als Wähler*in und aus der Arbeit, die dieser Identität eine materielle und essentiell sinnstiftende Grundlage gibt. Wenn nun aber diese Arbeit zunehmend durch Maschinen, Roboter, Algorithmen und Künstliche Intelligenz übernommen wird, dann schafft das extreme Unsicherheit und Ängste, die sich auf das demokratische System selbst auswirken. Die Antworten darauf müssen im digitalen Zeitalter andere sein als im analogen.

Im 20. Jahrhundert machte der reichste Mensch, der Gründer von Wal-Mart, ein Vermögen, weil er die Ausbeutung von Niedriglohn-Mitarbeiter*innen perfektionierte. Der reichste Mensch im 21. Jahrhundert, der Gründer von Amazon, Jeff Bezos, hat den Einsatz von Robotern perfektioniert, die er gar nicht mehr entlohnen muss.[1] Anders gesagt: In der Zukunft wird sich eine fundamentale Veränderung zwischen Mensch und Maschine vollziehen. Bisher waren Maschinen ein Mittel, um die Produktivität der menschlichen Arbeit zu erhöhen. Doch jetzt werden Maschinen selbst zu Arbeitern und verschieben dadurch dramatisch die Grenzen zwischen Arbeit und Kapital.

Ein besonders markantes Beispiel dafür ist der Fahrdienst Uber. Mit einem Klick wird eine Fahrt bestellt, der Vorteil für den Kunden liegt auf der Hand – er erhält durch Technologie Zugang zu einem Markt von Millionen Niedriglohnarbeiter*innen, die im direkten Wettbewerb miteinander stehen und durch einen Bewertungsmechanismus unter Druck gesetzt werden, die Dienstleistung möglichst gut zu erfüllen, um von den Algorithmen des Technologieunternehmens weiterhin beauftragt zu werden. Wie sich das Leben für diese Art von On-Demand-Arbeiter*innen verändert, beschreibt die US-Technik-Ethnographin Alex Rosenblat in ihrem Buch »Uberland«[2].

Weltweit verbindet die Uber-App fast drei Millionen Fahrer*innen – der US-Konzern, der im Dezember 2019 50 Milliarden Dollar wert war, sieht sich als Software-Anbieter und die Fahrer*innen als Konsument*innen der Software und selbständige Unternehmer*innen, die unter nahezu identischen Bedingungen arbeiten. Uber hat einen globalisierten Standard von On-Demand-Arbeit geschaffen. Die Fahrer*innen werden nicht mehr von menschlichen Vorgesetzten angeleitet, sondern von ihren Kund*innen bewertet. Die Ergebnisse der Kund*innenbewertungen fasst ein Algorithmus zu einem Score zusammen, der den Mitarbeiter*innen aber weitestgehend intransparent bleibt. Die Bewertung bestimmt, wie viele Kund*innen der Algorithmus den Fahrer*innen zuteilt. Die Abhängigkeit der Fahrer*innen von den Kund*innenbewertungen ist folglich enorm und führt zu Missbrauch, Ängsten und Stress.

Die On-Demand-Welt bietet zwar Zugang zu schneller Bezahlung ohne Einstiegshürden, aber sie schafft auch einen harten Wettbewerb und eine strickte Hierarchie, in der Kund*innen sehr gut und Dienstleister*innen sehr schlecht gestellt sind. Das System durchbricht damit wichtige Errungenschaften des modernen Kapitalismus, etwa die Unterteilung in Arbeit und Freizeit, wodurch die Arbeitszeit reguliert und gesundheitsverträglich portioniert wird. Das erklärt unter anderem die Krise der sozialdemokratischen Parteien, welche nicht in der Lage sind, diese Arbeitsverhältnisse so zu verändern, zu zivilisieren und zu regulieren, dass der Digitalkapitalismus nicht zu einer Gefahr für die Demokratie wird.

Zur Zukunft der Arbeit gibt es zahlreiche Studien, eine der frühen Quellen ist eine Untersuchung der Oxford University aus dem Jahr 2013[3], wonach in den USA 47 Prozent der Jobs bis 2030 durch die Automatisierung in Gefahr stünden. Diese Studie erscheint den Expert*innen heute als zu pessimistisch. Die Beratungsfirma McKinsey schätzt, dass in Deutschland bis 2030 rund 24 Prozent der durch Menschen geleisteten Arbeitsstunden von Robotern und Software erledigt werden.[4] Deutschland ist dabei besonders stark von der Automatisierung betroffen, weil die Arbeitskosten im globalen Vergleich hoch sind und besonders viele Industriearbeitsplätze wegfallen könnten. Das würde bedeuten, dass 2030 rund 37 Millionen Erwerbstätige übrig blieben, 32 Prozent hätten ihren Job durch Automatisierung verloren.[5] Neun Millionen würden komplett ersetzt, drei Millionen würden ihren Beruf wechseln müssen. Besonders betroffen sind dabei Arbeitnehmer*innen mit Hauptschulabschluss – rund 40 Prozent von ihnen stehen laut McKinsey im nächsten Jahrzehnt vor der Gefahr, durch Automatisierung ihren Job zu verlieren, vor allem am Fließband und in der Informationsverarbeitung. Der Jobverlust könnte umfassender verlaufen und rund 46 Prozent aller Jobs bedrohen, so folgern die McKinsey-Autoren, wenn die Automatisierungstechnologien schneller als angenommen von Industrie und Verwaltung adaptiert werden.

Wie Automatisierung und Künstliche Intelligenz menschliche Arbeitskräfte überflüssig machen, lässt sich bereits an den Supermärkten von Amazon Go erkennen. Nach einer Registrierung über das Smartphone können die Kund*innen die Waren aus dem Regal nehmen und anschließend einfach den Laden verlassen. Sensoren und Kameras, die mit Bilderkennung und Künstlicher Intelligenz arbeiten, registrieren jeden Artikel, der aus dem Regal genommen wird. Die Konsument*innen freuen sich über wegfallende Schlangen und Zahlvorgänge. Der Supermarkt braucht keine Beschäftigten mehr, keine Kassen – er ist komplett automatisiert. Welche sozialen Folgen der Einsatz einer solchen Technologie haben wird, ist noch nicht geklärt, zumindest für die 3,4 Millionen Mitarbeiter*innen an Supermarktkassen alleine in den USA aber ist die Lage bedrohlich.[6]

Ein weiteres Beispiel liefert der Robotik-Experte Martin Ford in seinem Buch »Aufstieg der Roboter: Wie unsere Arbeitswelt gerade auf den Kopf gestellt wird«[7]. Ein Lagerhaus-Arbeiter benötigt, wenn er schnell arbeitet, sechs Sekunden, um ein Paket zu identifizieren und auf dem Fließband richtig einzuordnen. Das Unternehmen Industrial Perception, Inc., arbeitet an der künftigen Generation von Lagerhaus-Robotern, die den Vorgang nicht mehr in sechs, sondern in einer Sekunde abwickeln können.[8] Es sind diese Sprünge an Produktivität, die menschliche Bearbeiter*innen von repetitiven Vorgängen bald überflüssig machen werden.

Durch den Wegfall solcher Jobs würde laut Ford ein wichtiger Feedbackloop durchbrochen, der beispielsweise das deutsche Wirtschaftswunder möglich gemacht hat – Produktivität führt zu steigenden Löhnen, und steigende Löhne führen zu mehr privatem Konsum. Dieser Loop wird endgültig kollabieren, wenn rund ein Drittel der Jobs bis 2030 wegfallen und nur partiell ersetzt werden. Schon heute sind Einstiegsjobs in den USA stark von Automatisierung betroffen, was sich etwa in der Höhe des Gehaltes spiegelt. Für Ford stellt sich die grundsätzliche Frage, ob die Disruption durch Technologie für das kapitalistische System so massiv sein wird, dass wir ein neues Systemdesign benötigen.

Wie können wir als Gesellschaft auf diese Veränderung reagieren? In der technologischen Beschleunigung des Informationszeitalters geht es um eine permanente Lern- und Veränderungskultur in Unternehmen und Verwaltungen, besonders für Menschen, deren Arbeit durch Automatisierung bedroht ist. Nicht chronische Unsicherheit und Bedrohung sollten das Arbeitsleben prägen, nicht ein Ultradarwinismus, wo in einem riesigen Pool aus temporären Arbeitskräften gefischt wird, sondern eine Kultur der Weiterbildung von Menschen, die Technologie nutzen, um ihre eigenen Talente zu ergänzen.

Der technologische Wandel betrifft die gesamte Gesellschaft und erfordert ein radikales Umdenken in der Qualifizierung und Weiterbildung von Menschen mit wenig technologischer Expertise. Die gute Nachricht: Arbeitnehmer*innen müssen bald keine monotonen Abläufe mehr an Fließband oder Rechner ausführen. Die Herausforderung: Sie werden zunehmend flexibel eingesetzt, arbeiten von zuhause oder von unterwegs, sie agieren selbstverantwortlich, selbstgeleitet und sich selbst motivierend oder werden durch Plattformen organisiert, sie sind freiberuflich tätig, kurzfristig angestellt, arbeiten für verschiedene Arbeitgeber*innen, ergänzt und unterstützt durch Software und Bots. Mit anderen Worten: Durch die Automatisierung entsteht ein Produktivitätsgewinn, aber wir haben noch nicht das Werkzeug, die Mittel und das Wissen, um ihn verantwortungsvoll und produktiv zu gestalten.

Klar ist: Bildung und Weiterbildung von Erwachsenen müssen ins Zentrum allen politischen Handelns gerückt werden, um diesen Produktivitätsgewinn zu erreichen. Es müssen neue staatliche oder privatwirtschaftliche Formen und Formate entstehen, die ein lebenslanges Lernen durch Institutionen begleiten und sich der neuen digitalen Realität öffnen. Deutschland aber belegt in den öffentlichen Ausgaben sowohl für Schulbildung als auch für Universitäten im EU-weiten Vergleich einen hinteren Platz gemessen am Bruttoinlandsprodukt. Und auch die Berufsausbildungen sind zu statisch. So benötigt die Industrie- und Handelskammer sieben Jahre, um einen neuen Ausbildungsberuf einzuführen.[9] Das alles sollte im Geist der digitalen Experimentierkultur viel schneller, viel offener, viel partizipativer erfolgen, die Abläufe und Lerninhalte sollten mit technologischen Mitteln individualisiert werden, die Ausbildungsziele selbst sollten grundlegende menschliche Fähigkeiten und Werte fördern.

Technologen wie Mark Zuckerberg experimentieren in den USA schon längst mit einem Schulsystem[10], in dem die Kinder ihr eigenes Curriculum zusammenstellen und die Geschwindigkeit der Wissensvermittlung selber bestimmen können. Und in China ist das technologiegestützte Lernen noch einige Schritte weiter. Die börsennotierte TAL Education Group vermittelt Millionen von Kindern Naturwissenschaften, Englisch und andere Fächer auf Basis von KI-Technologie.[11] Die jüngsten Kinder sind gerade einmal zwei Jahre alt. In technologisch hochgerüsteten Klassenzimmern mit Sensoren und Kameras zur Bilderkennung werden die Schüler*innen permanent gefilmt und analysiert, um herauszufinden, wie aufmerksam sie sind, ob sie sich noch auf den Stoff konzentrieren, wie ihre Körperhaltung ist. Durch Spracherkennungssoftware wird die Aussprache im Englischunterricht begleitet, auch der jeweilige Wortschatz wird laufend analysiert und korrigiert. Es geht darum, individuell an den Schwächen zu arbeiten und daraus Nutzen zu ziehen.

Beide Beispiele zeigen, wie ambivalent Technologie sein kann. Die Privatisierung der Schule stellt eine Grundlage der bisherigen Demokratie in Frage, die darauf beruhte, dass

Gleichheit und Gerechtigkeit durch eine verbindliche und gemeinsame Erziehung gewährleistet sind, dass Aufstieg und individuelle Teilhabe durch den Staat und die staatlichen Bildungseinrichtungen gefördert werden. Modelle wie das von Facebook würden diese Logik verändern und womöglich die Ungleichheit in der Gesellschaft noch verschärfen. Bildung wäre noch mehr als bisher an Einkommen geknüpft; und das Versprechen der Meritokratie, also des gesellschaftlichen Aufstiegs durch Bildung, würde noch brüchiger.

Was die stärkere Individualisierung von Bildung betrifft, gibt es gute Argumente für die Nutzung neuester Technologie. Es kann extreme Vorteile haben, wenn Schüler*innen ihren Unterricht nicht pauschal nach einem Maßstab erhalten, sondern auf individuelle Stärken und Schwächen viel besser und genauer eingegangen werden kann. Das ist die Chance der Technologie in diesem Bereich, verbunden mit einem anderen Verständnis der Rolle von Lehrer*innen, die mehr zum Coach, Mediator, Partner werden und vor allem die sozialen Kompetenzen im Auge haben. Das Ergebnis wäre eine vollkommen andere Form von Schule. Doch weder Parteien noch Stiftungen oder NGOs arbeiten in Deutschland in dieser Zeit des technologischen Umbruchs mit signifikanten Mitteln daran, Technologie sinnvoll für schulische und universitäre Bildung zu nutzen.

Dabei leben wir längst in einer Wissensökonomie. »Knowledge Economy« nennt Roberto Mangabeira Unger die Gesellschaft der Informationen[12], in der sich Bildung verändert und Wissen in Konkurrenz zu Daten gerät, die die Grundlage neuer Arten von Wirtschaft, Medien und Politik bilden. Diese Daten sind auch die Basis für eine andere Art von Identität, zunächst im privaten Sinne: Identität wird fluide, fragmentarisch, fragil. Identität setzt sich neu zusammen, weil sie erst einmal auseinanderfällt. Identität wird spekulativ, flexibel, situativ. Identität passt sich den Gegebenheiten und den Launen an, entkoppelt von einer zentralen Kontrolle oder einer zeitlichen Kontinuität. Identität wird dabei auch verletzlich und angreifbar, sie wird manipulierbar, missbräuchlich, dem Menschen entzogen. Identität wird einerseits zum Spielzeug des Einzelnen, der zum Beispiel seine Online-Persona selbst definieren kann. Identität wird andererseits zum Spielball von Konzernen, die durch Algorithmen, Werbung und plattformübergreifendes Tracking einen mächtigen Apparat geschaffen haben, um den Einzelnen so zu formen, wie sie es wollen.

Der Grundwiderspruch, der nicht nur dieses Buch, sondern unsere Gegenwart durchzieht, ist der folgende: Die technologischen Mittel und Möglichkeiten, die in die eine Richtung gehen, nennen wir sie Freiheit, Autonomie, Emanzipation, sind oft die gleichen technologischen Mittel und Möglichkeiten, die in die andere Richtung weisen, nennen wir sie Überwachung, Kontrolle, Disziplin. Entscheidend ist, dass es einen gesellschaftlichen Willen gibt, diese Technologien so zu nutzen und zu gestalten, dass sie für die Menschen arbeiten und nicht gegen sie. Es sind Werte-Entscheidungen, die wir gemeinsam treffen müssen, in der demokratischen Öffentlichkeit, die wiederum gerade durch diese Technologien in Gefahr ist. Das ist das performative Problem.

Wie das am besten zu lösen ist, wie also eine möglichst demokratische Marktordnung der digitalen Welt aussehen könnte, das wird später im Buch besprochen; an dieser Stelle ist erst einmal wichtig zu sehen, dass sich Identität im Zeitalter der Digitalisierung nach anderen Prinzipien und Kriterien entfaltet, gleichzeitig freier und unfreier.

Wie der Staat hierbei seine Rolle neu definieren kann, zeigt das Beispiel von Estland, wo die Bürger-Identität digital zusammengesetzt ist: Mit dem Personalausweis als zentralem Dokument lässt sich nahezu das gesamte Leben verwalten. Der Ausweis ist ID und Führerschein, er ermöglicht Zugriff auf das Bürgeramt, die Bücherei, die Treueprämien im Supermarkt, die Bankenidentifizierung, den öffentlichen Nahverkehr, er gibt dem Bürger die Möglichkeit, in wenigen Minuten die Steuererklärung abzugeben, und enthält die persönliche Krankenakte, also alle ärztlichen Befunde. Estland hat die E-Governance so weit entwickelt, dass der Staat die Schnittstelle zum digitalen Ich organisiert, also die wesentlichen individuellen Daten und Dokumente sichert und damit die digitale Identität gegen Missbrauch schützt.

Deutschland, immer etliche Schritte hinterher, plant zumindest, die Verwaltung zu digitalisieren: Das Onlinezugangsgesetz (OZG) verpflichtet die öffentliche Verwaltung, bis zum Jahr 2022 575 Verwaltungsleistungen online anzubieten.[13] Doch derzeit werden selbst relativ einfach digital organisierbare Verwaltungsfunktionen wie die Anmeldung eines Gewerbes oder die KFZ-Zulassung noch analog ausgeführt, ganz abgesehen von komplexeren Vorgängen wie Baugenehmigungen oder Wohngeldanträgen, bei denen die Quote digitaler Anträge 2018 zwischen fünf und zehn Prozent lag.[14] Der digitale Staat muss hier effektiver und transparenter werden, gerade um den Missbrauch, um Korruption und vor allem den nur schleppenden Umbau von Infrastruktur und Verwaltung zu verhindern. Er wird seine Arbeitsweise und sein

Selbstverständnis ändern müssen. Die Identität werden die Bürger*innen aber zunehmend selbst gestalten. Das Verhältnis Staat–Bürger*in–Identität justiert sich damit neu.

In der digitalen Welt sind es mehr und mehr die Spuren im Netz, die Identität schaffen, es sind die Likes, die Links, auf die man klickt, es sind die Waren, die man bestellt, es sind die Fotos, die man von sich zeigt, das ist das kuratorische Ideal der editorischen Gesellschaft, also die individuelle Möglichkeit, sich anderen so zu zeigen, wie man es selbst will, und daraus seine Persönlichkeit zu formen, seine Geschichte, seine Biographie, seine Identität. Es sind die Anwesenheit und die Interaktionen mit anderen auf Facebook, Instagram, WhatsApp oder Twitter, durch die täglich, stündlich, im Sekundentakt Informationen entstehen, die gesammelt und verarbeitet werden, von den Konzernen zu Werbezwecken, von den Regierungen zur Überwachung. Und genau an diesem Punkt stellt sich die Machtfrage: Was macht den Menschen zum Menschen?

Wenn es die Informationen sind, die wir selbst produzieren oder die andere über uns speichern, dann ist die Frage der Identität eine von Freiheit, Kontrolle und Macht auf Grundlage der Herrschaft über die Daten und Informationen. Diese dürfen eben nicht den Konzernen überlassen werden, die die Daten vor allem nach Profitkriterien verwerten, ohne Mitsprache des Einzelnen und damit ohne demokratische Teilhabe. Hier also, im Entstehungsprozess individueller Realität, muss hinterfragt werden, wie sich sowohl individuelle als auch politische Identität mit digitalen Mitteln schützen lassen.

Die Tech-Konzerne haben sich im vergangenen Jahrzehnt dabei übertroffen, unsere Lebens- und Konsumgewohnheiten zu speichern und daraus Produkte zu entwickeln – allen voran der US-Konzern Google, der täglich 5,6 Milliarden Such-anfragen aufzeichnet.[15] Somit wachsen die Datenmengen im-mer schneller und schneller. 2020 sollen 40 Zettabytes an Daten im Umlauf sein, das entspricht einer Menge von drei Millionen Büchern für jeden Menschen auf der Erde.[16] Be-sonders attraktiv für die Tech-Konzerne sind dabei Daten, die direkt mit Kaufentscheidungen zu tun haben. Die größ-te Auswirkung auf die Veränderung der Wirklichkeit und das Einwirken durch die Maschine auf die Identität des Menschen erfolgt durch die Ausbreitung von Systemen und Dienstleis-tungen, die auf Künstlicher Intelligenz basieren. Maschinelles Lernen oder »machine learning« ist die Automatisierung der Automatisierung und wird so die Künstliche Intelligenz von ihren Begrenzungen befreien, vor allem von der Begrenzung ihrer menschlichen Erschaffer.

Die Entwicklung von KI, so fasst es der Computerwissen-schaftler Kai-Fu Lee zusammen, verläuft in vier Wellen: Die ersten zwei Wellen, KI im Internet und KI im Geschäft, seien bereits über uns geschwappt. Es handle sich dabei um selbst-lernende Software, die beispielsweise Hinweise auf Krank-heiten der Nutzer*innen analysiere und mögliche Diagnosen stelle oder Nutzer*innen je nach deren Bedürfnissen indivi-dualisierte Tipps für Geldanlagen liefere. Die nächste Welle von KI, die gerade weiterentwickelt und implementiert wird, die Wahrnehmungs-KI, ließe die physische und die digita-le Welt verschwimmen, indem sie Gesichter erkenne, unse-re Bedürfnisse analysiere und daraus Handlungen wie Kauf-entscheidungen ableite und automatisiert abwickele. In China wird beispielsweise zunehmend durch Gesichtserkennung ge-zahlt. Die vierte Welle, autonome KI, werde die weitreichendsten Folgen haben, selbstfahrende Autos oder Drohnen-Taxis, Roboter, die komplexe Arbeiten in Fabriken ausführten, oder Haushaltsroboter, die für uns kochen und einfache Pflegedienste verrichteten.[17]

Die Tech-Konzerne stellen nun zwar oft kostenfreie Software in Form von hochfunktionalen E-Mail- und Speicherprogrammen, sozialen Austauschplattformen, Fahrdiensten, Kalendern und Bildbearbeitungsdiensten zur Verfügung – jedoch wird die Mehrheit der Daten nicht nur zur Verbesserung der Software genutzt, sondern als Vorhersagewerkzeug des kurz- wie langfristigen Handelns der Nutzer*innen. Es geht um sekündlich millionenfache Analysen ihres Verhaltens, die wiederum für kommerzielle Zwecke eingesetzt werden.

Ein Beispiel: Der kostenlose E-Mail-Dienst von Google, Gmail, den über eine Milliarde Menschen auf der Welt nutzen, filtert aus einer E-Mail die Verabredung zu einem Termin in London – daraufhin werden bei der nächsten Google-Suche Vorschläge für Hotels und Restaurants in der Nähe des Treffpunkts der Verabredung gemacht. Das Wissen über unser Verhalten in der Zukunft wird zum Geschäft.[18]

Noch manipulativer arbeitet Facebooks FBLearner Flow, eine selbstlernende Software, die laufend das Verhalten seiner zwei Milliarden Nutzer*innen analysiert und dadurch Nachrichten und Werbung optimiert. Pro Sekunde macht die Software sechs Millionen Vorschläge zum Verhalten ihrer Nutzer*innen und warnt Auftraggeber wie McDonald's, wenn ein Kunde bei der Konkurrenz einen Burger bestellen will – McDonald's hat daraufhin die Möglichkeit, Werbung zu schalten, um das Verhalten des Kunden zu beeinflussen.[19]

Die digitalen Mittel werden aber auch von Regierungen zur

Überwachung missbraucht. Das 3D-Visualisierungsunternehmen Keyhole Incorporated etwa, das später von Google gekauft wurde und die Basis für das heutige Google Earth legte, ermöglichte auf Grundlage von Erfahrungen aus der Computerspielindustrie, Karten- und Satellitendaten in eine Art virtuelle Erkundungswelt umzuwandeln. Das Beispiel zeigt, wie direkt der Sicherheitsapparat mit der Privatwirtschaft zusammenarbeitet. 2003 investierte der Risikokapitalfonds der CIA in das Unternehmen: Schon wenige Monate später wurde die Software im Irak-Krieg eingesetzt und mit Geheimdienstinformationen angereichert. Die Soldat*innen waren über die computerspielhafte Visualisierung ihrer Kampfziele begeistert.[20]

Informationstechnologie ist ein stetig wachsender Posten im Verteidigungsbudget der US-Regierung, die 2017 insgesamt 90 Milliarden Dollar dafür ausgab.[21] Unternehmen wie Lockheed Martin, Raytheon, Boeing, Bechtel oder Booz Allen Hamilton setzen auf Daten von Tech-Plattformen wie Google. Das Problem ist, dass durch Konzerne wie Google die private Lebenswelt für Sicherheitsbehörden, die Daten aus der Privatwirtschaft kaufen, immer leichter zugänglich ist.

Die Ziele, für die Google Daten bereitstellt, mögen dabei in einem Rechtsstaat als sinnvoll erscheinen – aber wer kontrolliert die Grenzen der Überwachung? Wer überwacht die Überwacher? Wer stellt sicher, dass ihre Methoden und Mittel nicht selbst die Demokratie gefährden? Wer verhindert, dass die Mittel nicht gegen die Bürger*innen eingesetzt werden? Wie also entsteht politische Identität in einer offenen Gesellschaft mit möglichst offener Technologie?

Umgekehrt gilt aber auch, dass sich die private Identität der

Menschen in der digitalen Gesellschaft deutlich anders zusammensetzt – und die sozialen Medien spielen dabei eine besondere Rolle, vor allem für die Generation der »Digital Natives« oder »Millennials«. Die Generationen, die eine Welt ohne Internet nie kennengelernt haben, unterscheiden kaum zwischen digital und nichtdigital; real und virtuell sind für sie keine sinnvollen Kategorien, denn die Realität des Virtuellen ist seit ihrer Jugend präsent.

Im privaten biographischen Bereich bedeutet das, dass besonders die sozialen Medien wie ein ständiges Spiegelkabinett wirken. Sie dienen häufig nicht nur der Kommunikation – dem Austausch von Meinungen –, sondern auch der Projektion eines Bildes von sich selbst.

Die amerikanische Medienwissenschaftlerin Kate Eichhorn hat das in ihrem Buch »The End of Forgetting. Growing Up with Social Media«[22] beschrieben: Die Nutzer*innen von Snapchat luden laut Angaben des Unternehmens 146 Millionen Fotos und Videos hoch, pro Stunde. Und britische Eltern stellten im Durchschnitt 200 Bilder ihrer Kinder online, pro Jahr.[23] Diese Bilderflut hat verschiedene Konsequenzen, die man psychologisch oder künstlerisch und kulturell beleuchten kann.

Für unsere Argumentation sind aber vor allem zwei Aspekte interessant: Was bedeutet es für die Identität, sich selbst andauernd zu präsentieren, weil die selbstreferenziellen Hallräume so verlockend sind? Und was bedeutet es, mit einem Selbst aufzuwachsen und zu altern, während die im Internet allzeit verfügbaren Bilder auf eine Person verweisen, die es möglicherweise gar nicht mehr gibt? Gibt es also ein »Ende des Vergessens«, verbunden mit einer möglichen Einschränkung entweder der individuellen oder der gemeinschaftlichen Freiheit? Oder gibt es vielmehr ein »Recht auf Vergessen«? Darin könnte ein Grund für den Erfolg von Snapchat liegen, einer Kommunikations-App, wo Bilder zehn Sekunden nach dem Empfangen gelöscht werden.

Eichhorn schildert sowohl die emanzipatorischen als auch die einschränkenden Folgen von Posting, Sharing, der digitalen Bildergalerie des Ichs: So seien Kinder in der Lage, ihr Bild von sich selbst zu erschaffen, sie seien nicht mehr angewiesen auf die Bildermacht der Erwachsenen, deren Blick, deren Autorität, deren Technologie, die Kamera des Vaters oder der Mutter. Kindern stehen nun selbst die Kanäle und die Technologie zur Verfügung, um Bilder zu machen und sie so zu verbreiten, wie sie es wollen. Sie sind dabei geübter als die heutigen Erwachsenen, allerdings zeigen sie auch Varianten von sich selbst im Netz, die sie womöglich im Verlauf ihrer Kindheit und Jugend revidieren wollen werden, was ihnen nicht möglich sein wird. Eichhorn spricht in diesem Zusammenhang von einer »ewigen Kindheit«, die einen einholt, auch wenn man ein ganz anderer geworden ist.

Das Recht auf Vergessen, also die Chance, die Identität autonom und im Wandel und nach vorne gerichtet zu definieren, steht dabei in manchen Fällen auch in Konkurrenz zu den Interessen und Arbeitsweisen der Medien. In der Theorie der liberalen Demokratie sind Medien ein wichtiger Faktor, um eine kritische Öffentlichkeit zu schaffen, die die Politik kontrolliert. Das ändert sich momentan, nicht nur, weil die Medien ökonomische Schwierigkeiten haben, was wiederum mit den technologischen Verschiebungen zu tun hat. Google und Facebook gefährden die Geschäftsgrundlage vieler Print- und

Onlinemedien, weil sie weitgehend das Anzeigengeschäft übernommen haben.

Die etablierten Medien sind aber auch in eine Legitimationskrise geraten, die mit dem Wesen ihrer Arbeit selbst zu tun hat: Vertrauen, Aufklärung, Wahrheit. Sie stehen vor der Herausforderung, den Verlust an Einfluss und Autorität in eine Stärke zu verwandeln. Eine fragmentierte Öffentlichkeit, in der jede*r zum Sender werden kann, stellt andere Anforderungen an die demokratische Praxis – die Habermas'sche Hoffnung auf eine rationale Öffentlichkeit als Basis einer kommunikativen Demokratie wird damit herausgefordert. Die »Torwächter« der etablierten Medien büßen nicht nur ihre Funktion als Vermittler, sondern auch die als Stabilisatoren, als Kontrolleure des demokratischen Prozesses ein.

Das muss keine schlechte Nachricht sein. Ein publizistischer Variantenreichtum bringt andere Stimmen in den Diskurs, eröffnet andere Perspektiven, von außen, von unten, auf sich selbst und die Gesellschaft. Die Frage nach den Grundlagen medialer Autorität ist bedeutsam, sie ist konstruktiv für eine lebendige demokratische Gesellschaft, die sich mit der Zeit verändern sollte – die Verweigerung, der Vielfalt ihren Platz zu geben, ist dabei das eigentliche Problem eines sich neu formierenden und zunächst notwendigerweise unübersichtlichen demokratischen Diskurses.

Viele Medien agieren dabei wie andere Institutionen, die aus der Logik des Alten geboren sind und deshalb in dieser Logik verharren, als könnte sie bewahrt werden – Gerichte etwa und Parlamente, die oft vergeblich auf die neuen Verhältnisse zu reagieren versuchen. Sie werden zu Wächtern des Alten, des Status quo, dem sie wiederum ihren Rang und ihre

Legitimation verdanken. Die Veränderung dieser Institutionen ist ein wichtiger Schritt hin zur digitalen Demokratie.

Im neuen technologischen Zeitalter geht es zunächst darum, ein Bewusstsein dafür zu wecken, was die Bedrohungen und Zwänge sind. Es ist wichtig zu verstehen, dass die Antworten darauf am ehesten aus der Logik der digitalen Systeme selbst kommen werden und nicht aus einer Distanz oder Rückkehr zu einer anderen technologischen Offline-Welt. Rückwärts ist immer das Gegenteil des Progressiven, deshalb ist die Veränderung der Verhältnisse mit den technologischen Gegebenheiten der Weg für eine andere, emanzipatorische Politik.

Die Frage nach der Identität im digitalen Zeitalter, die durch Technologie geprägt und durch Technologie gefährdet ist, lässt sich demnach auch mit Technologie lösen. Die Freiheit des Menschen ist in der Informationsgesellschaft zu schützen, indem der Informationskern geschützt wird. Mit anderen Worten: Das Nachdenken über Demokratie im digitalen Zeitalter muss mit Encryption beginnen, der sicheren Verschlüsselung von Daten, die die Meinungsfreiheit gewährleistet, die persönliche Unversehrtheit, die politische Arbeit, den Protest und Widerstand genauso wie Zahlungsverkehr, Bankverkehr, Gesundheitsinformationen.

Diese individuelle Sicherheit, von der Unesco als Menschenrecht formuliert, ist die Grundlage für die Möglichkeit der Bürger*innen, frei und geschützt zu kommunizieren, begleitet von einem freien und kritischen Journalismus, ebenfalls gesichert durch Verschlüsselung, in einer Demokratie, die die Einzelnen und ihre Daten und damit ihr eigenes Überleben schützt.

Erst der freie Meinungsaustausch, die unabhängige Willensbildung, der ungehinderte und geschützte Zugang zu Informationen garantieren, dass die Bürger*innen über alle weiteren demokratischen Rechte und Pflichten verfügen können. Im Zuge der Enthüllungen von Chelsea Manning, Edward Snowden und Julian Assange hat sich gezeigt, wie wichtig der Schutz vor staatlicher Kontrolle ist – und wie elementar umgekehrt die Transparenz staatlicher Abläufe und Mechanismen ist. Die Macht selbst muss durchsichtig bleiben, die Bürger*innen dürfen sich schützen, durch Anonymisierung oder Verschlüsselung. Das Machtverhältnis zwischen Staat und Bürger*innen hat sich in der digitalen Demokratie nicht grundsätzlich verändert. Die Parameter sind neu, die Werkzeuge sind es auch. Die Herausforderungen sind die gleichen geblieben.

Identität ist die Grundlage menschlicher Freiheit und damit auch die Grundlage der Demokratie. Im digitalen Zeitalter definiert sich Identität anders als in der analogen Demokratie. Künstliche Intelligenz, Big Data, Algorithmen können zur totalen Überwachung genutzt werden und die Freiheit des Menschen bedrohen. Die gleichen technologischen Mittel können so eingesetzt werden, dass sie zu mehr Autonomie führen. Wenn es nicht gelingt, die Technologie zu demokratisieren, wird die Digitalisierung zu einer massiven Einschränkung von individuellen Freiheitsrechten führen.

Arbeit ist ein entscheidender Teil der menschlichen Identität und Selbstfindung. Wenn aber die Maschinen im Zuge der Automatisierung wesentliche Teile der Arbeitswelt über-

nehmen, hat das massive Auswirkungen auf das Selbstbild der Menschen. Und wenn der Staat seine Macht mit technologischen Mitteln radikal ausweiten kann, dann wird der Widerstand gegen diese Macht auch mit technologischen Mitteln geführt werden müssen.

Das bedeutet: Encryption, also die sichere Verschlüsselung von Daten, die den Kern der Identität im Informationszeitalter ausmacht, ist ein Menschenrecht.

3. AUTONOMIE

- Technologie unterliegt den Kräften des Marktes.
- Autonomie ist im digitalen Zeitalter eine technologische Frage.
- Die kapitalistische Marktlogik wirkt häufig demokratischen Grundsätzen entgegen.

Die Verunsicherung durch digitale Technologien erfordert, dass folgende Fragen für den Einzelnen im demokratischen Kontext geklärt werden: Wie kann aus der privaten Identität, die fragmentarisch und fluide ist, eine öffentliche Identität entstehen, die fest und verlässlich ist? Wie werden also politische Subjekte geformt, die als Bürger*innen agieren und Rechte und Pflichten wahrnehmen können? Dieser Schritt hin zum politischen Subjekt steht am Anfang jeder demokratischen Ordnung, die nur durch freie Individuen begründet werden kann, deren Autonomie, also deren individuelle Handlungsfähigkeit und vor allem Rechtssicherheit, gewahrt ist.

Im Jahr 1679 kam es zu einer entscheidenden Entwicklung in Richtung des modernen Rechtsstaates, als in England der »Habeas Corpus Act« verabschiedet wurde, der jedem Verhafteten das Recht auf unverzügliche Haftprüfung garantierte. Die Rechtsposition des Einzelnen wurde etabliert, seine Handlungsfähigkeit gestärkt, Gerechtigkeit als Ziel gesetzt. Es war eine Maßnahme gegen die Willkür, gegen die Abwesenheit von Regeln und Regulierungen. So entstand Rechts-sicherheit, und daraus resultierten letztlich auch die entsprechenden Institutionen – die amerikanische Verfassung beispielsweise, die älteste der Welt, nahm das Habeas Corpus als einen zentralen Aspekt auf, was ein entscheidender Schritt für die Entwicklung der liberalen Demokratie war: Ich bin der, der ich bin, vor dem Gesetz und durch das Gesetz – eine notwendige Abstraktion, der Schritt über die Identität hinaus, vom privaten zum politischen Subjekt.

In der digitalen Demokratie stellt sich die Frage nach der, so könnte man Habeas Corpus verstehen, Unversehrtheit des Individuums anders: Einer weltweiten Öffentlichkeit wurde das Ausmaß der Bedrohung individueller Rechte erst 2013 durch die Enthüllungen von Edward Snowden bewusst. Überwachung, staatliche Kontrolle und massive Eingriffe in die Privatsphäre und somit in individuelle Grundrechte, das sind die Probleme, vor denen die Demokratien im frühen 21. Jahrhundert stehen. Die Bedrohung kommt dabei nicht von außen, sondern von innen, von der eigenen Regierung, vor der sich die Bürger*innen schützen müssen. Mehr noch: Hier zeigt sich ein militärisch-technologischer Komplex, der die Überwachungsphantasien, die wohl in jeder staatlichen Ordnung angelegt sind, mit den revolutionären neuen Informationstechnologien verbindet.

Der amerikanische Rechts- und Politikwissenschaftler Bernard Harcourt schildert das eindrucksvoll in seinem Buch »Gegenrevolution. Der Kampf der Regierungen gegen die eigenen Bürger«[1]. Er zeigt, wie immer mehr Staaten die Mittel und das Denken der Bekämpfung von Aufständen und Rebellion im Kriegskontext gegen die eigene Bevölkerung anwenden. Harcourt beschreibt, wie rassistische Profile von staatlichen Institutionen angelegt und religiöse Gruppen, vor allem Muslime, diskriminiert werden. Die Sicherheitsbehörden prüfen E-Mails, soziale Kanäle, das Smartphone, das Kaufverhalten, und den Zugang dazu verschaffen sie sich teils auf legale, teils auf illegale Art und Weise.

Im demokratischen Überwachungsstaat treffen Programme wie PRISM und UPSTREAM auf die oft selbstverständliche Bereitschaft vieler Nutzer*innen, die Kontrolle über wesentliche Informationen und Grundlagen des Datenschutzes freiwillig abzugeben. Microsoft, Yahoo, Google, Facebook, Paltalk, YouTube, Skype, AOL, Apple: All diese Unternehmen gaben der NSA, wie die durch Snowden aufgedeckten Geheimdokumente der NSA zeigen, Zugang zu ihren Daten, für den Betrag von zunächst nur 20 Millionen Dollar, ein Tropfen im Ozean des Geldes.[2]

Die Problematik der umfangreichen Überwachung wurde von Edward Snowden detailliert offengelegt – dafür wird er mal als Held gefeiert, mal als Verräter beschimpft. Die Frage bleibt, wie eine offene Gesellschaft adäquat auf diese Herausforderung reagiert. Es geht um die grundsätzliche Frage nach gesellschaftlicher Veränderung: Entsteht Wandel aus staatlichem Handeln, Regulierung, Gesetzen oder entsteht er aus dem Handeln des Einzelnen, aus Kaufentscheidungen, Normenverschiebungen, Wertediskussionen und vor allem durch Aufklärung über das Wesen und die Wirkweisen der digitalen Technologien?

Im Fall der Snowden-Enthüllungen wurde das EU-Parlament recht schnell aktiv, was eine grundsätzlich neue technogeopolitische Konstellation des frühen 21. Jahrhunderts offenbarte: Europa als dritte Macht, als Gegengewicht im Kampf zwischen den USA und China um die technologische Vorrangstellung und damit als Möglichkeit, Gesellschaft, Wirtschaft, Politik zu gestalten. Die Untersuchung, die im Kern auf zwei Resolutionen des EU-Parlaments vom 4. Juli 2013 und 12. März 2014 zurückging[3], war sehr klar in Ton und Inhalt: Die EU werde das Verhalten der NSA und der USA generell nicht hinnehmen, Spionage gegen EU-Bürger*innen sei inakzeptabel. Dieser Moment markiert den Beginn einer grundsätzlichen Neuorientierung der europäischen Daten-Politik. Es ging um neue Datenschutzrichtlinien, die rasch umgesetzt werden sollten. EU-Bürger*innen sollten das Recht haben, vor Gericht zu gehen, wenn ihre Daten von staatlichen Institutionen oder privaten Unternehmen in die USA transferiert wurden, und Journalist*innen und Whistleblower sollten mehr Schutz bekommen. All das gipfelte in der Forderung, eine »Digital Habeas Corpus Bill of Rights« für EU-Bürger*innen zu formulieren, also Datenschutz und Privatsphäre als Grundrechte auch im digitalen Zeitalter zu etablieren. Daten sollten ein wesentlicher Bestandteil der Integrität jedes Einzelnen und genauso schutzwürdig wie das eigene Heim werden.

Interessant bleibt dabei, dass hier eine staatliche Institution, in diesem Fall eine supranationale wie die EU, versucht, klare juristische Regeln zu setzen. Die Annahme ist also, dass sich die analogen politischen Strukturen nicht grundsätzlich durch die digitale Revolution geändert haben. Wir werden in diesem Kapitel aber auch andere Möglichkeiten beschreiben, wie gerade durch nichtstaatliche und vor allem dezentrale Akteure technologisch gestützter Überwachung Einhalt geboten werden kann. Diese Alternativen basieren auf einer

Denk- und Handlungsweise, die wiederum aus dem technologischen Zeitalter und seiner horizontalen Netzwerk-Logik stammt. Diese beiden Ansätze – staatlich zentralisierte und nichtstaatlich dezentrale – müssen sich nicht ausschließen, im Idealfall ergänzen sie sich.

Unsere Sympathie gilt den experimentellen und graswurzelhaften Versuchen, andere Formen von Autorität, Macht, Kontrolle, Verantwortung, Markt und Politik zu schaffen. Es bleibt aber notwendig, wenigstens in einem Übergangszeitraum mit den bestehenden Strukturen zu arbeiten, sie zu stärken und neu zu definieren, etwa die Rolle des Staates und staatlicher Autorität zum Schutz der Rechte der Bürger*innen.

Auch deshalb ist es hilfreich, sich in ähnliche technologische Umbruchsituationen zurückzuversetzen und die Gegenwart historisch in ihrem Gewordensein zu betrachten. Brad Smith, Präsident und Chief Legal Officer von Microsoft, fordert beispielsweise eine »Digitale Genfer Konvention«, analog zu der Genfer Konvention von 1863.[4] Diese formulierte Kriegsregeln, ausgehend von den Erfahrungen der Schlacht von Solferino 1859. Damals traten die gravierenden Folgen des technologischen Fortschritts, insbesondere der Waffentechnologie, zutage. Smith, selbst in führender Position eines der wichtigsten Tech-Unternehmen weltweit, appellierte 2017 auf der RSA Conference für Cybersecurity an die Regierungen, politische Regulierungen für akute Bedrohungen durch die Cyber-Waffen vorzunehmen.

Sein Ausgangspunkt war dabei die Gefährdung der Bevölkerung durch Cyberattacken, also vor allem durch Hackerangriffe auf Unternehmen, bei denen wertvolle Daten millionenfach gestohlen werden. 74 Prozent aller Firmen weltweit würden gehackt, so Smith, und der wirtschaftliche Schaden durch Cybercrime werde bis 2021 sechs Billionen Dollar betragen.[5] Alarmierend sei dabei sowohl, dass sich zunehmend Staaten an den Angriffen beteiligen, als auch, dass lebenswichtige Infrastruktur und Energieversorgung durch die Hacks bedroht seien. Seine Forderungen, dass private Unternehmen und öffentliche Infrastruktur von Cyberattacken ausgenommen werden sollten, scheinen einigermaßen naiv; andererseits geht es genau um solche Debatten. Es geht um die Frage, welche ethischen Grundlagen Gesellschaften formulieren und festlegen wollen, und diese Grundlagen entstehen erst, nachdem das große gesellschaftliche Gespräch darüber begonnen hat. Denn nicht nur der Eingriff in die Privatsphäre durch staatliche Institutionen untergräbt unsere Autonomie. Wir verlagern unsere Lebenswelt und damit unsere Entscheidungen ständig weiter in den digitalen Raum hinein, in dem der Schutz der Autonomie überlagert wird durch die Macht der Digitalkonzerne – wir werden beherrscht durch den Code, die Software entscheidet über unser Handeln.

Der schwedisch-amerikanische Physiker Max Tegmark fragt in seinem Buch »Leben 3.0: Mensch sein im Zeitalter Künstlicher Intelligenz«[6], ob wir als Menschen die Kontrolle und damit die Autonomie verlieren werden, wenn Maschinen weiter in einem derartigen Tempo an Intelligenz gewinnen. Ein Beispiel, das oft in diesem Zusammenhang angeführt wird, ist die Niederlage des Go-Großmeisters Lee Sedol gegen Alpha-Go, eine Art Sputnik-Schock für ein ganzes Land. 280 Millionen Chinesen sahen im März 2016 bei den fünf Spielen zu, und nach dem klaren Sieg von Alpha-Go entbrannte in China das KI-Fieber. Weniger als zwei Monate danach entwickelte die chinesische Regierung eine KI-Initiative mit dem erklärten Ziel, 2030 die führende KI-Nation zu sein. Schon 2017 kamen weltweit 48 Prozent des Risikokapitals in KI-Technologie von chinesischen Investoren, die öffentlichen Subventionen für Risikokapital-Fonds stiegen auf 26 Milliarden US-Dollar.[7]

Tegmarks Fokus ist jedoch ein anderer. Er erinnert an das geniale System der Evolution und daran, dass die Synapsen des menschlichen Gehirns Erfahrungen und Fähigkeiten von ungefähr 100 Terabytes speichern können.[8] Was die Technolog*innen deshalb am meisten interessiert: Wie sammeln wir als Menschen Wissen und Erfahrung, wie kann dieser Prozess mit Künstlicher Intelligenz nachgebildet werden? Wie können Maschinen Menschen begleiten und unterstützen? Wie kann der Individualismus gestärkt werden? Die Chance liegt darin, als Menschheit unsere kollektive Intelligenz zu erhöhen. Doch die Frage ist, was das für die menschliche Autonomie bedeutet, wenn Roboter in 20, 50 oder 100 Jahren schlauer als menschliche Wesen sind. Was bedeutet das für unsere Sicht auf uns selbst, für unser Zusammenleben mit anderen, für unser Überleben als Spezies? Oder konkreter: Wie legitimiert der Mensch seine Stellung in dieser neuen technologischen Konstellation? Muss er seine Macht mit Künstlicher Intelligenz teilen?

Es ginge dabei nicht um die irrationale Angst, dass Roboter böse werden, sagt Max Tegmark – es ginge darum, dass Maschinen intelligenter werden als Menschen. Das sei die eigentliche Herausforderung, das sei die Chance, wichtige Regeln und Weichenstellungen zu implementieren. Eine superintelligente KI sei per Definition gut darin, ihre Ziele zu erreichen, und deswegen sollten wir als Menschen sichergehen, dass die Ziele der Roboter und Algorithmen mit unseren Zielen übereinstimmen.[9]

Ein berühmtes Beispiel dafür ist das sogenannte »lorry problem«. Übertragen auf das neue Zeitalter, stellt sich das Gedankenexperiment folgendermaßen dar: Wir steuern einen autonomfahrenden Wagen, und ein Kind tritt auf die Straße. Wenn wir selbst fahren würden, würden wir wahrscheinlich versuchen, das Kind zu umfahren. Wir würden in Kauf nehmen, dass wir dabei auf die Gegenfahrbahn geraten, einem entgegenkommenden Lastwagen nicht ausweichen können, wobei sowohl wir selbst als auch der LKW-Fahrer ums Leben kommen könnten. Wir würden uns instinktiv in Sekundenbruchteilen dafür entscheiden, dieses Risiko einzugehen, um das Kind zu retten. Das selbstfahrende Auto handelt aber anders. Durch datenbasierte Programmierung entscheidet das Auto, lieber zwei Leben zu retten als eines. Und es zwingt die fahrende Person, die Entscheidung, das Kind direkt zu überfahren, mitzutragen, sie also dem Autohersteller zu überlassen und nicht der individuellen Verantwortung.

Es sind diese fundamentalen Eingriffe in die Autonomie des Einzelnen in der digitalen Welt, die wir bisher als Gesellschaft kaum wahrnehmen, die wir aber berücksichtigen sollten. Wenn wir eine Technologie wollen, die dem Menschen dient, und nicht eine Technologie, die den Menschen benutzt, müssen wir diese Technologie selbst schaffen. Denn die Technologie, die wir haben, fördert allzu oft unsere niederen Instinkte. Verbunden mit einem Wirtschaftssystem, das diese niederen Instinkte auszunutzen weiß, ist das eine toxische Mischung.

Veränderung ist nur möglich, wenn sich die Grundzüge des Systems verändern. Laut Shoshana Zuboff basiert das kapitalistische System auf unserem Verhalten, unserem Fühlen und Denken, unserem Wesen als Individuen. Es handele sich um »eine rohe Macht, angetrieben von neuen ökonomischen Zwängen, die keine Rücksicht nehmen auf soziale Normen und die grundlegende Rechte außer Kraft setzen, die mit individueller Autonomie verbunden sind und essentiell sind für die Möglichkeit einer demokratischen Gesellschaft«[10]. Zuboff schildert in ihrer großangelegten Studie über den »Überwachungskapitalismus« ein System, das durch die industrielle Produktionsweise die Grundlagen der menschlichen Existenz gefährde und die Natur zerstöre.

Es seien die wirtschaftlichen und sozialen Zwänge des 20. Jahrhunderts, die unsere Gesellschaften zerrissen, so Zuboff, verstärkt durch die Mechanismen und technischen Möglichkeiten des 21. Jahrhunderts. Das Bild, das sie zeichnet, ist dunkel: Privatisierung, Bewusstseinsveränderung, Verhaltenskontrolle, Manipulation und Gruppendruck. Eine digitale Dystopie oder ein »Coup von oben«[11], so nennt es Zuboff. Und weiter: »Ich halte die Wirkweise des Überwachungskapitalismus für eine Herausforderung für das Grundrecht auf Zukunft, die das Individuum in die Lage versetzt, überhaupt eine Zukunft zu imaginieren, zu wollen, zu versprechen und zu bauen. Das ist eine Grundvoraussetzung für den freien Willen und, genauer noch, für die inneren Ressourcen für den Willen, zu wollen.«[12]

Der freie Wille als Grundlage menschlicher Autonomie wird, so Zuboffs Analyse, durch eine Verbindung von Marktmacht und technologischen Imperativen gefährdet. Was bedeutet diese Analyse? Wie sollen wir als Gesellschaft damit umgehen? Zuboff jedenfalls sieht in der Analyse der Pathologien des gegenwärtigen Kapitalismus, der die Radikalisierung der Märkte mit den Mitteln des Militärs und der Technologien der digitalen Revolution vorantreibt, den vielversprechendsten Weg, ein Gegengift gegen die technokapitalistische Herrschaft zu entwickeln – oder zumindest einen »Impfstoff«.

Nur »wir, das Volk«, so Zuboff, könnten die Richtung ändern, zuerst indem wir das Noch-nie-Dagewesene an der gegenwärtigen Situation benennen – und indem wir neue Formen kollektiver Aktionen in Gang setzen.[13] Wir müssten, sagt sie, das Gelingen der menschlichen Zukunft in den Mittelpunkt stellen und vom Menschen her denken, nicht von der Maschine: »Wenn die digitale Zukunft unsere Heimat sein soll, dann liegt es an uns, sie dazu zu machen.«[14]

Dazu zählen Aktionen wie die von spanischen Bürger*innen, die gerichtlich gegen Google vorgingen und das »Recht auf Vergessen« durchsetzen wollten.[15] 2014 gab ihnen der Europäische Gerichtshof Recht, Google ist seitdem gezwungen, persönliche Informationen zu löschen, wenn eine Person das will und diese Informationen »nicht mehr relevant« sind. 2019 bekam Google wiederum Recht, dass diese Richtlinie nur für Europa gilt und nicht weltweit anzuwenden ist. Laut Zuboff sei dies eine Art Vorspiel für grundsätzliche Debatten darüber, wie sich der Traum von einer gerechteren und demokratischeren digitalen Zukunft in einen Alptraum verwandeln kann; und umgekehrt, wie Lösungen gefunden werden können, um die Technologie besser und gerechter zu machen.

Es ist dabei wichtig zu bedenken, dass es individuelle und

vor allem industrielle Entscheidungen waren, die dazu geführt haben, dass die Technologie, wie wir sie heute überwiegend benutzen, so funktioniert, wie sie funktioniert. Wenn wir diese abhängig machende Technologie ändern wollen, müssen wir grundsätzlich andere Entscheidungen treffen, politisch, gesellschaftlich, juristisch, was aber bedeutet, dass sich das Wirtschaftssystem ändern müsste. Wie das aussehen könnte, beschreiben wir in Kapitel vier. Die Menschen, die für die Technologie verantwortlich sind, die wir benutzen, fangen schon heute an, sich Gedanken über eine andere, verantwortliche, menschlichere Technologie zu machen.

Aza Raskin etwa, der bei seinen Auftritten auf Tech-Festivals in der ganzen Welt halb stolz, halb zerknirscht gesteht, dass er es gewesen ist, der das endlose Scrollen erfunden hat, das das Suchtpotential des Menschen so gut bedient, weil es den Verstand überlistet und seinen Hunger nach dem fördert, was noch kommen könnte, irgendwo weit unten auf einer Seite, die niemals endet. 200 000 Menschenleben, so Raskins Rechnung, so groß sei die Zeitspanne, die die gesamte Weltbevölkerung täglich mit Scrollen verbringe.[16]

Raskin hat zusammen mit Tristan Harris, einem ehemaligen Google-Mitarbeiter, das Center for Humane Technology gegründet, das einen menschenzentrierten Ansatz für Technologie durchsetzen will. Es geht darum, dass der Mensch seine Zeit im Internet gut verbringt, »time well spent«[17], wie Harris es ausdrückt. Dazu seien aber nicht nur individuelle Entscheidungen der Nutzer*innen nötig, sondern vor allem Veränderungen innerhalb der Tech-Industrie, die Menschen befreien sollte, anstatt sie abhängig zu machen. Wenn Apps oder andere digitale Services so gebaut sind, dass sie die Benutzer*innen »einsperren«, »locked-in«, so der Fachbegriff; wenn sie dafür sorgen, dass die Benutzer*innen immer wiederkehren, weil sie sich fragen, ob sie etwas verpassen könnten; wenn sie nach den Regeln und Mechanismen des Glücksspiels funktionieren, wo die Ausschüttung von körpereigenen Hormonen wie Endorphin oder Dopamin für Momente des kurzfristigen Rausches sorgt – dann sind die Auswirkungen dieser Technologien auf die menschliche Psyche enorm und potentiell schädlich.

»Jedes Mal, wenn wir einen Code schreiben«, so Raskin, »ist das ein zutiefst politischer Akt«[18]. Deshalb lautet eine Grundforderung von Raskin, Technologie so zu designen, dass nicht die menschlichen Schwächen angesprochen und ausgenutzt, sondern die menschlichen Stärken gefördert werden. Dabei geht es nicht nur darum, für wen designt wird, sondern auch darum, von wem – und hier sind Gender und Diversität wichtige Aspekte. Wenn es vor allem junge weiße Männer sind, die Codes schreiben und die Technologie entwerfen, die wir alle benutzen, wird es ihre Weltsicht sein, die als nur scheinbar neutrales Design angeboten wird.

Digitale Systeme spiegeln durch ihre diskriminierenden Strukturen bestehende Machtstrukturen und schreiben diese fort: Die Spracherkennung funktioniert schlechter bei weiblichen Stimmen, weil sie ausschließlich von Männern entwickelt wurde. Es gibt Software, die so dysfunktional ist, dass bei der Bilderkennung Konzentrationslager mit Sport und einem Klettergerüst in Zusammenhang gebracht werden.[19] Rassistische Strukturen, die bereits die Eingabe von Daten beeinflussen, schlagen sich zudem bei Sicherheitssoftware an Flughäfen nieder: Bei People of Color wird der Alarm viel öfter ausgelöst als bei weißen Menschen. Und auch die von Google entwickelten Systeme zur Hausüberwachung, die mit Kameras und KI möglicherweise gefährliche Eindringlinge identifizieren, weisen rassistische Muster auf. Die Technologie verstärkt gesellschaftliche Diskriminierung mit potentiell fatalen Konsequenzen: Das Google-System etwa ist direkt mit dem jeweiligen Polizeirevier verbunden.

Bei der Programmierung von Software geht es um fundamentale Fragen sozialer Gerechtigkeit. Wenn mehr Frauen in der Tech-Industrie arbeiten würden, wenn mehr People of Color angestellt würden, Menschen mit anderen Biographien, die andere Lösungen inspirieren, weil diese Menschen andere Fragen haben, dann wäre das ein großer Gewinn. Es sind eingebaute Machtmechanismen, die Ungleichheiten und Rassismus aus der einen Welt, die wir die reale nennen, in die andere, die digitale Welt übertragen.

Die Mathematikerin und Tech-Kritikerin Cathy O'Neil hat die Auswirkungen dieser eingebauten Vorurteile in ihrem Buch »Angriff der Algorithmen« beschrieben und betont, wie wichtig es sei zu erkennen, dass Technologie Rassismus, ökonomische und soziale Ungleichheit transportiert und verstärkt. Es sei aber genauso wichtig zu erkennen, dass die Gründe zumindest teilweise vom Menschen selbst gemacht sind. Und dass damit die Antworten und eine andere Technologie auch vom Menschen geschaffen werden könnten. Fatalismus ist immer die falsche Haltung, wenn es darum geht, Missstände zu verändern.[20]

Das Center for Humane Technology hat aus all diesen Gründen einen Humane Design Guide entwickelt[21], eine Vorlage für die Entwicklung von Programmen und Anwendungen, die menschliche Empfindlichkeiten gegenüber den digitalen Technologien in den Mittelpunkt stellen. Die zentralen Kategorien Emotionen, Aufmerksamkeit, Verstehen, Entscheiden, soziale Beziehungen und Gruppendynamik werden danach eingeteilt, ob sie uns helfen oder uns einschränken. Es ist ein schlichtes Dokument, nur eine Seite lang, und doch sehr effektiv.

Die Grundlagen des gegenwärtigen extraktiven Designs, das macht dieser Design-Guide deutlich, beruhen auf der Erkenntnis, dass Menschen gehackt werden können – unter anderem, weil sie anfällig sind für all die Dinge, die süchtig machen, die ihre schwachen Seiten ansprechen. Unser Wille ist nicht so frei, wie wir denken und wie es das Ideal der Demokratie eigentlich voraussetzt, und die Technologien, die wir benutzen, verstärken diesen Umstand.

Es ist, laut Aza Raskin, ein »Wettrennen den Hirnstamm hinunter«[22] – je mehr ihre Instinkte angesprochen würden, desto mehr Zeit würden die Menschen auf bestimmten Plattformen verbringen, desto mehr Daten würden sie produzieren, desto wertvoller würden diese Plattformen werden. Es ist ein kapitalistischer Kreislauf, der unsere Persönlichkeiten zerreibt und unsere Institutionen mit dazu.

Ein Beispiel, das Raskin zitiert: 55 Prozent der amerikanischen Schönheitschirurgen geben an, Patient*innen gehabt zu haben, die so aussehen wollten wie ihr Snapchat-Foto, das sie selbst optisch manipuliert hatten. Und YouTube, der »große Polarisierer, der große Radikalisierer«, wie Raskin die Video-Plattform nennt, ist mehr noch als Facebook oder Twitter dafür verantwortlich, dass sich der politische Diskurs in Lügen und Verschwörungstheorien verläuft – die Algorithmen von You-

Tube sind so gebaut, dass etwa bei den Empfehlungen die »Flat Earth Theory« extrem gepuscht wird.[23]

»Attention Merchants«, so nennt der amerikanische Rechtsprofessor Tim Wu Unternehmen wie YouTube. Er beschreibt das Entstehen dieser Aufmerksamkeitsökonomie, die mehr ist als ein wirtschaftliches Phänomen, nämlich eine Bedrohung der Demokratie. Technologie ist ihr Werkzeug und Aufmerksamkeit ihre Währung. Die Konsequenz erleben wir heute: Wahrheit als grundlegende Kategorie eines rationalen demokratischen Diskurses verliert an Geltung – und zwar nicht, weil die Lügen stärker sind, sondern, weil die Lügen, Wahrheiten, Argumente, Fakten wie wild durcheinanderfliegen, weil es zu viele Informationen gibt, die nicht mehr auf ihren Wahrheitsgehalt überprüft werden können, weil, so nennen es Kommunikationsexpert*innen, die Zone geflutet ist, »flood the zone«. Die Aufmerksamkeit gerät an ihre Grenzen, die Kategorien von wahr und falsch verschwimmen.[24]

Das alles sind Veränderungen und Bedrohungen der Autonomie eines sich im freien und rationalen Diskurs konstituierenden Individuums – die direkte Überwachung und staatliche oder privatwirtschaftliche Kontrolle sind folglich nicht die einzigen Gefahren für die elementare menschliche Fähigkeit, selbst zu entscheiden. Gegen die Überwachung wiederum gibt es direktere Mittel. Es gibt technologisch basierte Wege, die Autonomie der Bürger*innen im digitalen Zeitalter zu stärken und zu sichern.

Der Ausgangspunkt für alle weiteren Überlegungen einer demokratischen Ordnung, die die technologischen Möglichkeiten nutzt, um den technologischen Herausforderungen zu begegnen, ist wie im Fall der Identität die Encryption, die Verschlüsselung persönlicher Daten und Informationen. Nur wenn diese individuelle Blackbox intakt ist und Plattformen sowie soziale Netzwerke sicher vor staatlichem Zugriff sind, nur wenn der oder die Einzelne die Kontrolle über die eigenen Daten hat, ist die demokratische Grundvoraussetzung gegeben.

Historisch wurde die Verschlüsselung vor allem für die geheime Übertragung von Daten im Krieg oder zwischen Staaten verwendet, ein bekanntes Beispiel ist die deutsche Enigma-Maschine aus dem Zweiten Weltkrieg, die geheimen Nachrichtenverkehr sichern sollte, wobei der Verschlüsselungscode von den Alliierten fast immer geknackt wurde. Heute wird dasselbe Verfahren im persönlichen Kontext angewendet: die elektronische Verwandlung von Klartext in Geheimtext, der nur mit Hilfe eines Schlüssels gelesen werden kann, wodurch Daten geschützt werden, also Adressen, Kreditkarteninformationen, Arztakten, Konten, im Grunde alles, was persönlich gehalten werden soll. Nach demselben Prinzip wird auch die Kommunikation via E-Mail, in sozialen Netzwerken oder in Messenger-Diensten wie Telegram gesichert. Nicht nur für Journalist*innen ist diese Sicherheit die Grundlage ihrer Arbeit und Existenz.

Als etwa 2016 das FBI nach einem Amoklauf in San Bernardino eine universelle Zugangssoftware für Apple-Telefone forderte, wurde Apples CEO Tim Cook vor ein ethisches Dilemma gestellt. Das iPhone hatte gerade eine neue Version des Betriebssystems mit neuer Verschlüsselungssoftware erhalten, und die einzige Möglichkeit des Inlandgeheimdienstes, an die Daten des Täters von San Bernardino zu kommen, war es, Apple darum zu bitten, eine Software bereitzustellen, die jedes iPhone hätte entsperren können. Über ein Jahr lang hatten Regierungsbeamte vergeblich versucht, Apple dazu zu bringen, die Software für den Polizeiapparat zu öffnen.

Die Reaktion der Öffentlichkeit war gespalten. Zahlreiche Politiker*innen und Journalist*innen forderten von Apple, mit den Sicherheitsbehörden zu kooperieren und dem richterlichen Beschluss nachzugeben. Der damalige Präsidentschaftskandidat Donald Trump rief sogar zu einem Boykott von Apple auf. Die »New York Times« dagegen lobte das Unternehmen: Den Sicherheitsbehörden nachzugeben würde Amerika weniger sicher machen, hieß es.[25] Letztlich gelang es den Behörden doch, auf die Daten des iPhones des Attentäters zuzugreifen. Das israelische Unternehmen Cellebrite, spezialisiert auf Telefon-Forensik, soll den Zugang gehackt haben. Dennoch zeigt dieser Fall, wie Encryption die Privatsphäre vor staatlichem Zugriff theoretisch sichern kann.

In einer Gesellschaft der radikalen Transparenz muss es diese Schutzsphäre geben. Der oft zitierte, aber problematische Satz: Wer nichts zu verbergen hat, hat auch nichts zu befürchten, zeigt in der gegenwärtigen Diskussion über Technologie eindrücklich, wie lückenhaft das demokratische Grundwissen ist. Gerade diese Frage nämlich, was Verbergen heißt, muss in einem rechtsstaatlichen Prozess geklärt werden.

An diesem Punkt kommt die Blockchain-Technologie ins Spiel. Denn unsere Gesellschaft lässt sich, idealerweise und bei aller Skepsis gegenüber dem Hype, mit Blockchain anders designen und denken. Die Blockchain-Technologie beruht ebenfalls auf Verschlüsselung. Dabei geht es um »Blöcke«, also Datensätze, die mittels kryptographischer Verfahren miteinander verkettet sind – eine Art Vertragsverhältnis, dessen Einhaltung dezentral und über einen Zeitstempel nachprüfbar überwacht wird. Jeder Block ist mit einem kryptographisch sicheren Hash versehen, einem Zeitstempel mit Transaktionsdaten. Diese Technologie kann für alle möglichen Zwecke eingesetzt werden, das bekannteste Ergebnis ist die Kryptowährung Bitcoin, Geld, das nicht mehr durch Zentralbanken oder andere Geldinstitute oder staatliche Institutionen abgesichert wird, sondern durch komplizierte Computerprozesse. Die Blockchain kann aber vor allem in solchen Fragen Klarheit und Sicherheit bringen, welche die Identität und Autonomie von Bürger*innen betreffen: zum Beispiel bei der Frage des Passes.

2018 gab es rund 150 Länder, die biometrische Pässe verwendeten, eine digitale ID mit Fingerabdrücken und anderen individuellen Daten. Dieses Verfahren könnte auch auf eine Blockchain-basierte ID umgestellt werden, mit der Konsequenz, dass persönliche Daten nur mit der Erlaubnis der jeweiligen Person abgefragt werden. Das würde beispielsweise Missbrauch von persönlichen Daten durch kommerzielle Anbieter limitieren. Eine auf Blockchain basierte Identität wäre gerade in Ländern des globalen Südens ein großer Schritt: 2016 hatten dort 1,5 Milliarden Menschen keine Ausweispapiere, darunter 172 Millionen Menschen, die vier Jahre alt oder jünger waren.[26] Einer der Gründe dafür ist, dass die Kosten, Neugeborene registrieren zu lassen, für viele Menschen in diesen Ländern zu hoch sind.

Wie Technologie die Autonomie des Einzelnen und den Schutz von Eigentum stärken kann, zeigt das Beispiel Georgien. Im März 2016 startete die Regierung ein Programm, das die Registrierung von Grundstücken mit Hilfe von Blockchain-Technologie ermöglichte. Nur 25 Prozent der Grundstücke in Georgien waren bei Programmbeginn überhaupt registriert, die Eigentümer meistens schwer ermittelbar.[27] Nach der Auflösung der Sowjetunion waren die Eigentumsverhältnisse oft Gegenstand von Streitigkeiten − häufig zu Gunsten der politischen Elite. Die Blockchain ermöglicht es in solchen Fällen, einen fälschungssicheren Zeitstempel von Grundstückstransaktionen zu erzeugen. Die Daten von über 1,5 Millionen Besitztiteln an Grundstücken sind durch Blockchain-Technologie sicher und geschützt, das Eigentum kann aber jederzeit öffentlich nachgewiesen werden. Diese technologische Absicherung ist unabhängig davon, wie sich das Land politisch entwickeln wird, beispielsweise wenn Gerichte und Grundbücher vor politischem Zugriff nicht mehr sicher sein sollten.

Blockchain-Technologie wird auch für die Sicherung von persönlichen Informationen genutzt. Weltweit wurden 2016 persönliche Daten von etwa 1,1 Milliarden Menschen gestohlen, davon 42 Prozent Identitätsnachweise (Personal Identification Information).[28] Solche Identifizierungsdaten sind auf dem weltweiten Schwarzmarkt bereits für Beträge zwischen 10 Cent und 1,50 Euro zu erwerben.[29] Ein sicherer Identitätsnachweis ist aber in vielen Bereichen essentiell, beispielsweise bei der Eröffnung eines Kontos, beim Car Sharing oder in der öffentlichen Verwaltung. Blockchain wäre eine mögliche Antwort, auch wenn die Umsetzung noch am Anfang steht.

Auch Blockchain-basiertes Wählen würde, so die Hoffnung, zu mehr Sicherheit und Anonymität führen. Vinny Lingham, Gründer der Plattform Civic, schätzt aber, dass in den USA frühestens in zwei Wahlperioden auf Blockchain-basiertes Wählen umgestellt werden könnte.[30] Wie fast alles, was mit Technologie und speziell mit Blockchain verbunden ist, ist auch dieses Verfahren umstritten, vor allem aus Angst, dass das System gehackt werden könnte. Gleichzeitig sind die Manipulationen im bisherigen Wahlverfahren offensichtlich. Zuletzt beschwerten sich Wähler*innen in den USA über zu wenige Wahlstationen, lange Schlangen und knappe Öffnungszeiten in Gegenden, die hauptsächlich von Schwarzen bewohnt werden. All das könnte ein digitales Wahlverfahren, ob mit oder ohne Blockchain, ändern.

Diese Beispiele zeigen, dass die Autonomie sich technologisch sichern lässt, wenn es den Willen gibt, die Technologie demokratisch zu nutzen. Denn wie der Wissenschaftshistoriker Melvin Kranzberg einmal gesagt hat: Technologie ist weder gut noch schlecht, sie ist auch nicht neutral. Technologie bleibt ambivalent. An der Frage, wie die Autonomie des Menschen auch technologisch gesichert werden kann, entscheidet sich womöglich das Schicksal der Demokratie.

Wir benutzen Technologien, die uns abhängig machen und abhängig machen sollen. Das ist das Geschäftsmodell des Überwachungskapitalismus. Aber Märkte sind nicht abstrakt. Technologie ist nicht abstrakt. Wir können entscheiden, wie wir Technologie designen, die dem Menschen dient; und nicht umgekehrt.

Um diese Unfreiheit zu beenden, müssen wir das Gelingen der menschlichen Zukunft in den Mittelpunkt stellen und vom Menschen aus denken, nicht von der Maschine aus. Autonomie entsteht in der digitalen Welt aus der selbstbestimmten Herrschaft über Daten, über Informationen, die über uns verfügbar sind, und Informationen, über die wir verfügen. Die Blockchain ist eine Möglichkeit, diesen sicheren Informationsfluss zu gewährleisten. Sie könnte der Anfang von einem digitalisierten Vertrauensverhältnis sein und damit auch einer anderen Art von Politik, Markt, Gesellschaft.

4. TEILHABE

- Der digitale Raum wird von monopolistischen Plattformen beherrscht.
- Daten sind die Grundlage der Monopole.
- Jede progressive Politik beginnt mit der Hoheit über Daten.

Wenn Technologie zivilgesellschaftlich verstanden und eingesetzt wird, entsteht eine neue Form von Zivilgesellschaft. Genau das ist in den letzten Jahren in Barcelona passiert, wo Ada Colau 2015 zur Bürgermeisterin gewählt und Francesca Bria im selben Jahr zum Chief Technology and Digital Innovation Officer der Stadt ernannt wurde. Barcelona gilt inzwischen als die mustergültige urbane Antwort auf die Herausforderungen des digitalen Zeitalters, ein Modell für andere Städte weltweit. Grundlage der Politik von Colau und Bria ist die Einsicht, dass eine lebendige Demokratie und eine innovative und gerechte Wirtschaft im digitalen Zeitalter darauf beruhen, wer die Kontrolle über die Daten hat. Sind es die Bürger*innen, die diese Daten produzieren? Oder sind es die Datenmonopolisten wie Facebook und Google, die mit den Daten anderer Milliarden verdienen und durch ihre schiere ökonomische Macht einen unverhältnismäßigen Einfluss selbst auf politische Prozesse erlangen?[1]

Die Ambitionen der Datenmonopolisten reichen inzwischen längst in den realen Raum hinein und konzentrieren sich insbesondere auf die Stadt. Hier entstehen Daten von großer Relevanz im Sekundentakt. Unter dem Slogan der »smart city« haben die Monopolisten begonnen, mit Milliardeninvestitionen den urbanen Raum zu erobern. Hinter dem Vorwand, Städte durch Innovationen neu zu erschaffen, versteckt sich jedoch ein klares Gewinninteresse. Die Hoheit über die Daten wird privatwirtschaftlich organisiert. Indem die Durchdringung der Datenextraktion massiv erhöht wird, wird die Teilhabe der Bürger*innen reduziert, durch einen monopolistischen Filter gejagt, der politische Prozesse untergräbt. Wenn die Stadt also ein demokratischer und freier Raum bleiben soll, müssen die Bürger*innen und die gewählten Regierungen darauf achten, dass ihre Rechte gewahrt bleiben.

In Toronto etwa dauerte es eine Weile, bis die Politiker*innen und Bürger*innen verstanden, was Google mit seinen Sidewalk Labs eigentlich vorhatte. 2017 wurde der Plan veröffentlicht, ein mehrere Hektar großes Areal in der Stadt zu entwickeln, das energieeffizienter, datengetriebener und zukunftsoffener gestaltet werden sollte. Das Problem: Die emanzipatorischen Möglichkeiten von Technologie wurden ignoriert – die Bürger*innen blieben Konsument*innen der Smart-City-Lösungen, sie konnten nicht zu Mitunternehmer*innen oder Miteigentümer*innen werden und konnten die technologische Disruption nicht selbst gestalten.

Doch Teilhabe ist zentral, denn es sind die Bürger*innen, die die Stadt ausmachen, nicht umgekehrt. Dieser Gedanke ist die Grundlage jeder progressiven Stadtpolitik im digitalen Zeitalter: Daten sind ein öffentliches Gut, Daten sind ein Teil der Commons, eine Allmende. Sie sind Teil der öffentlichen

Infrastruktur, die vom Staat oder der Stadt überwacht und garantiert wird, durch die Bürger*innen und für die Bürger*innen. Daten sind zunächst Eigentum der Erzeuger*innen. Anonymisierte Daten sollten nicht privatisiert oder zur Monopolbildung missbraucht werden. Daten gehören allen. Sie sollten frei zugänglich sein und lokalen Unternehmen zur Verfügung gestellt werden. Daten stellen eine kollektive Investition dar, sie besitzen einen konkreten ökonomischen Wert, und die Stadt sollte diesen Reichtum zum Zweck der Allgemeinheit nutzen – das ist das Konzept der »digital sovereign city«, also der digital unabhängigen oder souveränen Stadt, wie es Francesca Bria beschreibt.

Was in Barcelona stattfindet, ist die Verbindung von Mobilität und Klimaschutz, von Nachhaltigkeit und sozialer Gerechtigkeit in Bereichen wie öffentlicher Nahverkehr, Wohnungen, Erziehung, Gesundheitsversorgung. Die Menge an Radwegen wurde fast verdoppelt, die Bildung von digitalen Fähigkeiten wurde ausgebaut, fast 40 000 Erwachsene und 6000 Kinder nahmen an diesen Programmen teil.[2] Die Energieversorgung wird nach und nach auf erneuerbare Energien umgestellt – ein Schritt in Richtung Klimaneutralität, der für Städte weltweit ein prioritäres Ziel sein sollte.

Investitionen sind wichtig, 75 Millionen Euro beträgt das Budget für den »Digital Transformation Plan«, 70 Prozent dieser Investitionen sollten in freie Software fließen. Die Grundlage all dessen ist eine urbane digitale Infrastruktur. In Barcelona bedeutet das konkret: 600 Kilometer Fiberkabel für freien öffentlichen Internetzugang, ein Grundrecht im digitalen Zeitalter, das allen Bürger*innen zusteht und für das sie kein Geld an einen Technologiekonzern zahlen sollten, denn ohne Internetzugang sind Bürger*innen de facto aus dem zivilen Leben ausgeschlossen. In Barcelona ermöglichen mehr als 2000 Hotspots stadtweiten Internetzugang, mehr als 1000 Hotspots sind zusätzlich in den öffentlichen Bussen installiert. Die Informationen schaffen eine sensorische Infrastruktur, drei Millionen Datenaufzeichnungen täglich, aus 40 000 Müllcontainern, 40 000 digital kontrollierten Ampeln, 80 000 öffentlichen Parkplätzen, 15 000 Sensoren, die dafür sorgen, dass 25 Prozent weniger Wasser verbraucht wird.[3]

Was das bedeutet: Das Ende der kopflosen Privatisierungen und der Überführung von öffentlichen Diensten in Privathand und die Rückwandlung von kritischer urbaner Infrastruktur – die Grundversorgung wie Wohnung, Transport, Erziehung, Gesundheit muss gewährleistet werden, um den Menschen in prekären Lebensverhältnissen demokratische Teilhabe zu ermöglichen.

Barcelona hat gezeigt, dass es möglich ist, eine Stadt, eine Verwaltung, eine Zivilgesellschaft mit digitalen Mitteln so zu modernisieren, dass sie tatsächlich humaner wird, transparenter, dass sich das Verhältnis zwischen Behörden und Bürger*innen entscheidend ändert, dass die kleinen und mittleren Unternehmen profitieren, wenn sie die Ressource der Daten nutzen können, die sich sonst die Monopolisten aneignen. Daten sind im Informationszeitalter die Grundlage von allem, also auch von der Frage, was der Mensch ist.

Dabei geht es auch um eine neue Form und Effizienz öffentlicher Unternehmen. Politiker*innen, die öffentliche Unternehmen kontrollieren, müssen eine technologieoffene Unternehmenskultur schaffen, denn Daseinsvorsorge ist zunehmend eine Frage der Innovation, nicht nur der Besitzverhältnisse. Der »unternehmerische Staat«[4], wie ihn die Ökonomin Mariana Mazzucato vertritt, also ein im Marktkontext aktiver und zugleich auf das Wohl der Bürger*innen ausgerichteter Staat, wird am leichtesten in urbanen Zentren verwirklicht. Eine unternehmerische öffentliche Hand benötigt zunächst Ideen und Konzepte, dann unternehmerische Politiker*innen und Führungsfiguren wie Francesca Bria, die ihre Energie für das Gemeinwohl einsetzen wollen, und schließlich die Unterstützung der Bürger*innen, die nur durch gute Kommunikation erreicht werden kann.

Bria fordert einen New Deal für Daten, einen von den Bürger*innen und ihren Vertreter*innen vorangetriebenen Pakt aktiver Politik und Investitionen, der die sozialen Fragen mit den gesellschaftlichen und wirtschaftlichen verbindet. Dabei findet nichts weniger als eine komplette Wende des politischen Denkens und Handelns der vergangenen 40 Jahre statt, bei dem der privatwirtschaftliche, kapitalistische Weg stets den Vorzug erhielt. Es geht um eine Repolitisierung des öffentlichen Raums, es entsteht eine andere Vorstellung vom Staat, der nicht von den Bürger*innen getrennt gesehen wird, sondern als ihr Eigentum.

Dazu gehört auch die Einsicht, dass öffentliche Gelder für nahezu alle technologischen Umbrüche der vergangenen Jahrzehnte verantwortlich waren, der Staat also als Innovationskraft fungiert. Mazzucato nennt das iPhone als Beispiel: Die Komponenten, die das iPhone zum profitabelsten Produkt der Menschheitsgeschichte gemacht haben – Internet, GPS, Touchscreen, Datenkomprimierung, Batterie, Speicherkarte, Mikroprozessor, Spracherkennung –, basieren auf staatlich geförderter Forschung. Trotzdem kam der technologische Durchbruch nicht dem Staat, sondern dem Apple-Gründer Steve Jobs und seinen Aktionären zugute.[5] Die Bürger*innen, die diese Disruptionen finanzieren, sollten zumindest im Erfolgsfall durch eine angemessene Steuerquote der Technologieunternehmen oder durch direkte Beteiligung mitprofitieren, so Mazzucato, weil sie die Anfangsrisiken der Technologien wesentlich mitgetragen hätten, die später in den großen Vermögen der Technologiegründer mündeten.

Entscheidend sind folgende Punkte: der Aufbau von datengetriebenen Wirtschaftsmodellen, um die komplexen Entscheidungsoptionen der partizipatorischen Demokratie zu ermöglichen; der Vorzug und die Förderung von kollaborativen Organisationsformen gegenüber zentralisierten staatlichen oder marktwirtschaftlichen datenextrahierenden Lösungen; der Aufbau von städtischen Data-Commons, also das klare Bekenntnis, dass die Daten, die von der Bevölkerung produziert werden, während öffentliche Dienste genutzt werden, keinem einzelnen Anbieter gehören dürfen.

Das alles verbindet den Top-down-Ansatz von Stadtplaner*innen und Unternehmen, die die urbane Informationsinfrastruktur verbessern, um effektivere Dienste anbieten zu können, mit dem Bottom-up-Ansatz, bei dem die Bürger*innen einbezogen werden, sowohl bei der Produktion als auch in der Auswertung und Verwertung von Daten. Transparenz ist wichtig, Nachvollziehbarkeit, Partizipation, auch bei konkreten Fragen, etwa wofür genau das Geld der Stadt ausgegeben wird. So veröffentlichte Barcelona seine Haushaltszahlen. Es wurde ein »Transparenz-Briefkasten« eingerichtet, um gegen Korruption vorzugehen. Die Stadt des 21. Jahrhunderts kann effizient und demokratisch zugleich sein.

Und doch scheint es besonders in Deutschland so, als würden viele Städte noch im 19. Jahrhundert feststecken: von Bürger*innen distanzierte Arbeit und Struktur der Behörden und der Verwaltung, einseitige Kommunikation, zahlreiche Barrieren. Die privatwirtschaftlichen Antworten wiederum, die einer Art datenkapitalistischen Enteignung der Zivilgesellschaft gleichkommen, stammen aus dem 20. Jahrhundert. Im 21. Jahrhundert sollte die Verabredung eine andere sein: Die Bürger*innen machen durch ihre Daten, die ihre Anwesenheit, ihre Praxis, ihre Existenz sind, den Staat, die Stadt, die Bürgerschaft aus; Teilhabe wird damit ein Menschenrecht.

Viele der Fragen, Widersprüche, Konflikte, die durch die neuen Technologien entstehen, lassen sich bis an ihre Ursprünge zurückverfolgen. So traf in den 1960er Jahren kalifornische Gegenkultur auf kalifornische Ingenieurs- und Erfindergabe, eine techno-utopistische Gesellschaftsvision, die oft mit dem Begriff der »kalifornischen Ideologie« zusammengefasst wird. Heute mit Silicon Valley assoziiert, war der Anfang dieses Denkens von Euphorie und Aufbruch geprägt, von Ideen, die im Zentrum der »Tech for Good«-Bewegung stehen: also der Hoffnung, dass mit technologischen Mitteln gesellschaftliche Probleme wie globale Ungerechtigkeit, die Klimakrise oder sogar Diktaturen überwunden werden können.

Die Ursprünge dessen, was sich in den glatten Formen und Foren, in den Benutzeroberflächen und Apps darstellt, reichen zurück zu Hippies, Drogenerfahrungen und dem ersten vernetzten globalen Umweltbewusstsein. Das erste Bild der Erde, aufgenommen 1967 von Satelliten aus dem Weltall, führte zu einer Bewusstseinserweiterung ganz ohne Drogenunterstützung. Und die Verbindung von Welt- und Selbsterfahrung, von Ökologie, Kybernetik, Systemtheorie, all das ist immer noch die Substanz dessen, was in den neuen Technologien als Möglichkeit angelegt ist.

Es waren Gedanken wie die des Kybernetikers Norbert Wiener, die für den Anspruch, das Leben des Menschen im Geist von Horizontalität und Vernetzung zu revolutionieren, entscheidend waren. Wiener sah schon in der ersten Hälfte des 20. Jahrhunderts eine Welt voraus, die nicht top-down nach vertikalen Hierarchien organisiert war, sondern bottom-up, wobei sich Sensoren, Signale, Stelleinrichtungen intelligent untereinander austauschen, rückkoppeln und Mensch und Maschine sich zunehmend ideal ergänzen. Wiener war einer der Vordenker unserer Informations- und Industriegesellschaft mit ihren Robotern und automatisierten Fabriken. Er erkannte die Möglichkeiten von Künstlicher Intelligenz, Bilderkennung, Machine Learning und deren Anwendbarkeit für Waffen und Überwachungstechnologie sehr früh und klar. Überzeugt davon, dass wir auf eine totalitär kontrollierte Menschheit zusteuerten, beobachtete er die sich technologisch duelliernden Supermächte zur Hochzeit des Kalten Krieges mit Pessimismus und Sorge. Wiener sah aber auch das emanzipatorische Potential von Technologie klarer als seine Zeitgenossen, die Chance, komplexe Systeme zu steuern, und den Nutzen Künstlicher Intelligenz für das Gemeinwohl.

Wieners Buch »The Human Use of Human Beings« (deutsch: »Mensch und Menschmaschine«) erschien 1950, im Jahr seines Todes, 1964, veröffentlichte er den wesentlich nachdenklicheren Text »Gott & Golem, Inc.«, in dem er weiter gehende Fragen nach der Eigenlogik und möglichen Autonomie der Maschine stellte: »Was ist das Ebenbild einer

Maschine? Kann dieses Ebenbild, wie es in einer Maschine verkörpert ist, eine Maschine allgemeiner Art, die noch nicht an eine bestimmte spezifische Identität gebunden ist, dazu veranlassen, die ursprüngliche Maschine entweder vollkommen zu reproduzieren oder aber mit gewissen Veränderungen, die als Variation aufzufassen sind? Kann die neue und veränderte Maschine selbst als Urbild dienen, sogar hinsichtlich ihrer Abweichungen von ihrem eigenen urbildlichen Muster?«[6]

Es war eine Art philosophischer Existenzbeweis für die Maschine, wie ihn René Descartes für den Menschen unternommen hatte: Ich denke, also bin ich. Die Maschine definierte Wiener als »eine Einrichtung, die Eingangssignale in Ausgangssignale umwandelt«,[7] und »so verschieden die mechanische und biologische Reproduktion jedoch voneinander sein mögen, sind sie immerhin Parallelprozesse, die zu ähnlichen Ergebnissen führen; und eine Darstellung des einen mag sehr wohl wichtige Hinweise für die Untersuchung des anderen ergeben.«[8]

Der Mensch als Nachricht, das war die Quintessenz von Wieners Gesellschaftsanalyse, und der Gedanke, »dass es begrifflich möglich ist, einen Menschen durch die Telegrafenleitung zu senden«. Wieners Sicht auf die Technologie war durch die Erfahrungen der Nachkriegszeit geprägt, sowohl durch die Paranoia der McCarthy-Ära als auch durch die Gefahr der Weltvernichtung in einem atomaren Krieg. Er warnte vor der »Gefahr der Maschinenverehrung«[9] und der »Magie der modernen Automatisierung«. Sein Fazit: »Gebt dem Menschen, was des Menschen ist, und dem Komputer, was des Komputers ist!«[10]

1996 – lange nach Wiener, aber immer noch in der frühen

Neuzeit des Internets – formulierte es John Perry Barlow, Songtexter der »Grateful Dead«, Bürgerrechtler, Streiter für die Privatsphäre und Mitgründer der Electronic Frontier Foundation, in seiner Unabhängigkeitserklärung des Internets folgendermaßen: »Regierungen der industriellen Welt, ihr müden Riesen aus Fleisch und Stahl, ich komme aus dem Cyberspace, der neuen Heimat des Denkens. Im Namen der Zukunft bitte ich euch darum: Lasst uns in Ruhe. Ihr seid bei uns nicht willkommen. Wo wir uns versammeln, habt ihr keine Souveränität.«[11]

Es war der Geist des Techno-Anarchismus, der hier anklang, ein Denken der Disruption, das bedrohlich für die Macht werden sollte, und letztlich – auch Trumps Berater Steve Bannon sprach von Disruption – progressiv wie destruktiv genutzt werden konnte. Es war ein Geist der Unabhängigkeit und des Aufbruchs, der liberal oder libertär gedeutet werden konnte: die Ausrufung einer neuen Art von Gesellschaft mit einer eigenen Kultur, einer eigenen Ethik – letztlich ein neuer Gesellschaftsvertrag.

»Der Cyberspace besteht aus Transaktionen, Beziehungen und dem Denken selbst«, schrieb Barlow, eine Welt, die »sowohl überall und nirgendwo ist, die aber nicht dort ist, wo die Körper leben«[12]. Jede Meinung sei dort erlaubt, kein Zwang, kein Konformismus, es sei eine Freiheitserhebung, die auch die rechtlichen Strukturen aushebeln sollte, Eigentum, Identität, Bewegungsfreiheit. Aus aufgeklärtem Eigeninteresse und dem Gemeinwohl entstünde eine neue Art der Regierung, so die Proklamation, eine Form der Selbstregierung, die nicht auf den großen Politikentwurf gebaut wäre, sondern aus kleinteiligen Lösungen heraus entstehen würde, im andauernden

Experiment – »wir können die Lösungen, die ihr uns aufzwingen wollt«, schrieb Barlow, »nicht akzeptieren«[13].

Zwischen Norbert Wiener und John Perry Barlow liegen fast 30 Jahre. In den späten 1960er Jahren war die kybernetische Utopie verbunden gewesen mit einem emanzipatorischen politischen Moment. Die Demokratisierung der Technologie durch den Personal Computer hatte noch nicht stattgefunden. Die Vorstellung einer anderen Gesellschaft durch Digitalisierung war noch nicht von den Kräften der Industrie und des Marktes usurpiert worden. Die libertären Formen des Denkens von Silicon Valley haben alle ihren Ursprung in dieser Zeit, und es bleibt interessant zu sehen, wie leicht sich aus einer freiheitlichen Technologie eine Technologie der Kontrolle und der Überwachung machen lässt. Umgekehrt ist es interessant zu überlegen, wie sich die technologische und kapitalistische Radikalisierung umdrehen oder korrigieren lässt.

Die 1990er Jahre waren eine Periode der tiefgreifenden Veränderungen des Kapitalismus. Wirtschaftlich war es eine Boom-Zeit. Die erste Tech-Blase bildete sich, es entstanden die Crowd, der Kult des Amateurs und die Ideologie des »Free«. Technologie, so die Vorstellung, würde die Bürokratie nicht verbessern, sondern ersetzen, sie würde den Staat nicht verändern, sondern abschaffen. »Markt-Populismus« nannte das der Autor Thomas Frank[14], und tatsächlich datiert die Deregulierung, die Schwächung der demokratischen und generell öffentlichen Institutionen aus dieser Zeit.

Was damals begann, war die Feier und Verherrlichung der oft erzwungenen Selbständigkeit der kreativen Klasse, und eine Welle der sogenannten »Verschlankungen« von Unternehmen. Zentrale Funktionen von Unternehmen und auch von Verwaltung und Regierung wurden ausgelagert, mit dem Effekt, dass auch hier die privatwirtschaftliche Profit-Logik über die politischen Prinzipien, die demokratische Nachvollziehbarkeit und die Gemeinschaft gestellt wurde. Ein Ergebnis ist die zunehmende Ungleichheit, die die westlichen Gesellschaften heute prägt.

Der scheinbare Gegensatz zwischen Staat und Markt reicht bis in die Frühzeit des Internets zurück. Kevin Kelly etwa, einer der Vordenker und zentraler Autor der prägenden internationalen Tech-Zeitschrift »Wired«[15], versuchte die spirituelle Kraft, die er in den naturähnlichen Strukturen der Technologie sah, mit dem Kosmos der Korporationen und Unternehmen zu verbinden. Der Markt war für ihn der Ort gesellschaftlicher Veränderung, nicht die organisierte Form der Politik, wie sie sich in der Demokratie darstellte. Das neue Unternehmen sollte dezentral, horizontal, kollaborativ, adaptions- und veränderungsfähig sein.

Und Louis Rossetto, der Gründer und erste Chefredakteur von »Wired«, schrieb in der ersten Ausgabe 1993: »Die digitale Revolution peitscht durch unsere Leben wie ein bengalischer Taifun«[16]; er meinte es eher als Ermunterung denn als Warnung. »Move fast and break things«, so hieß es später bei Facebook. Politisch war Rossetto mit den jungen Republikanern verbunden, der konservativen Partei der USA. Und Newt Gingrich, eine wichtige Figur des Übergangs von Ronald Reagan bis zu Donald Trump, war eine Art Poster-Politiker von »Wired«, Cover-Boy und Stichwortgeber dieses so einflussreichen Magazins, das in diesen Jahren Techno-Optimismus mit konservativer Politik verband.

Was hier als Utopie des Netzwerks formuliert wurde, wurde mehr und mehr in sein Gegenteil verkehrt – vor allem die sozialen Netzwerke verbinden die Menschen nicht, sondern trennen sie zunehmend. Ein Grund dafür ist ein recht einseitiges technoeuphorisches Denken – tatsächlich eine Art gegenkulturelle Revolution im Gewand des technoegoistischen Pseudo-Kommunitarismus, angetrieben durch eine Mischung aus Hybris, Schicksalhaftigkeit, Unausweichlichkeit und Erlösungsglaube. »Information will frei sein«, proklamierten diese marktgläubigen Tech-Prediger – aber, wie der amerikanische Autor Fred Turner in seiner Studie »From Counterculture to Cyberculture« schreibt, »hinter der Fantasie eines ungehinderten Informationsflusses liegt die Realität von Millionen von Plastik-Tastaturen, Silicon-Teilen, Monitoren aus Glas und endlosen Meilen von Kabeln«[17]. Eine technologische Vision von Welt, die in ihrer Ausgestaltung extrem kapitalistisch war, verschluckte eine dezidiert demokratische.

Die Vorstellung von gesellschaftlicher Transformation durch Technologie, individuell wie gesellschaftlich, ist aber deshalb nicht falsch, sie muss nur anders organisiert werden als nach den Mechanismen des extraktiven Kapitalismus. Die Disruption, die oft radikale Veränderung und das In-Frage-Stellen von Autoritäten, Abläufen, Hierarchien, ist etwas, das auch einen Gewinn für die Demokratie bringen kann. Sie kann ein Befreiungsmoment sein. Es ist unserer Meinung nach gefährlich, wenn diese dunkle Seite der Technologie als Gegenpol zum Techno-Utopismus vorgeführt wird, weil es kein Entweder-oder geben sollte, kein Gut und Böse, keine manichäische Sicht auf alles, was Tech ist. Die Folge dieses dichotomen Denkens ist ein Fatalismus, der schädlich für die Arbeit an konkreten Lösungen, gesellschaftlichen Utopien und grundlegender Veränderung ist.

Wir suchen in diesem Buch nach einer Verbindung von beidem, der Einsicht in die emanzipatorischen Möglichkeiten, die aus dem Verständnis der Technologie entstehen, und der Kritik der herrschenden Verhältnisse, die oft eine Kritik der Technologie und der Konzerne umfasst. Im Zentrum der Frage nach demokratischer Teilhabe steht dabei ökonomische Teilhabe. Wie soll eine Demokratie funktionieren, wenn über Jahrzehnte die Steuergesetzgebung und die Machtverhältnisse in der Politik dazu führen, dass die wohlhabendsten Bürger*innen immer reicher werden, wenn soziale Mobilität und Zugang zu Bildung nicht mehr gegeben sind?

Ein technologischer Lösungsansatz für dieses Problem könnte es sein, die Marktkräfte so zu nutzen und Marktmechanismen so zu designen, dass das untere Drittel der Einkommenspyramide am großen Versprechen der Demokratien, ein Leben in Freiheit und Wohlstand zu führen, teilhaben kann. Denn zwei wesentliche Bereiche des Marktversagens durch falsches Design zeichnen sich immer weiter ab und vergiften unsere Demokratien: zum einen der sich beschleunigende Ressourcenverbrauch und damit verbunden die Klimakatastrophe; und zum anderen eine Umverteilung hin zum reichsten Prozent der Erdbevölkerung.

In den vergangenen 40 Jahren ging der Produktivitätszuwachs nahezu vollständig an eine global operierende Elite – heute besitzen acht Männer so viel wie fast vier Milliarden Menschen. Und weit über die Hälfte der 1,35 Millionen Menschen mit einem Vermögen über einer Million Euro in Deutschland haben ihr Vermögen nicht erarbeitet, sondern teilweise oder ganz geerbt.[18] Die US-Ökonomen Eric Posner und Glen Weyl bieten in ihrem Buch »Radical Markets: Uprooting Capitalism and Democracy for a Just Society« eine radikale Lösung für die Frage der Eigentumsverteilung.[19] Ihrer Überzeugung nach blieben Märkte weiterhin das beste Mittel, um unsere Gesellschaft zu organisieren. Das Problem liege darin, dass die wichtigsten Märkte Monopole sind oder in diesen Märkten die Marktmechanismen außer Kraft gesetzt würden. Wir müssen uns, so Posner und Weyl, wieder aktiv darum kümmern, dass Wettbewerb funktioniert, dass Märkte offen und frei werden. Nur so könnten wir Ungleichheit beseitigen und Wohlstand schaffen.

In ihren Augen haben Ökonomen Ungleichheit viel zu lange toleriert und durch Deregulierung weiter verschärft. Die Autoren schlagen eine App vor, in der schrittweise Eigentum erfasst wird, beispielsweise Land. Das Problem beim Eigentum von Grundstücken ist, dass die Eigentümer*innen Grundstücke beliebig lange halten können, und das nahezu steuerfrei. So entsteht ein Monopol, das dazu führt, dass beispielsweise in England 50 Prozent des Landes nur einem Prozent der Bevölkerung gehören – ein signifikanter Teil davon sind Erben. Mit diesem Monopol geht das gesellschaftliche Problem einher, dass das Land der Nutzung durch die Allgemeinheit in vielen Fällen entzogen ist; Grundstücke liegen beispielsweise brach inmitten von Städten mit gravierender Wohnungsnot.

Posner und Weyl schlagen vor, die Grundsteuern massiv anzuheben. Diese Steuern richten sich nach dem Wert, den der Eigentümer selbst bestimmt. Der Eigentümer muss aber bereit sein, das Grundstück jederzeit zu diesem Wert zu verkaufen. Legt der Eigentümer einen hohen Wert für sein Eigentum fest, muss er hohe Steuern zahlen, legt er einen niedrigen Wert fest, kommt er in Gefahr, dass ein Käufer das Grundstück günstig erwerben kann. Die Wissenschaftler planen, zwei Drittel der Einnahmen aus Grundbesitz per Steuer dem Eigentümer zu entziehen. Die daraus entstehenden gewaltigen Steuereinnahmen sollten nach dem folgenden Schlüssel aufgeteilt werden: Eine Hälfte wird für Steuersenkungen verwendet, die zweite Hälfte fließt als soziale Dividende – beispielsweise in Form eines bedingungslosen Grundeinkommens – an Bedürftige.[20]

Posner und Weyl versuchen, den Markt neu zu definieren, indem sie die Theorien von Adam Smith und Karl Marx verbinden, also die ökonomische Freiheit und die Eigentumsfrage zusammenbringen. Eine andere Möglichkeit, die deutlich näher am technologischen Denken orientiert ist, ist P2P, also die Peer-to-Peer-Economy, wie sie Michael Bauwens, Vasilis Kostakis und Alex Pazaitis in ihrem Manifest »Peer to Peer« entwerfen.[21] Es handelt sich dabei um einen Markt, der die einzelnen Menschen direkt verbindet, unter Umgehung von Zwischenhändlern und damit auch des Profit- und Gewinnprinzips.

Vier Punkte sind dabei für sie entscheidend: P2P beruht auf sozialen Beziehungen in menschlichen Netzwerken, in denen die Teilnehmenden die maximale Freiheit haben, sich selbständig zusammenzuschließen; P2P ist gleichzeitig eine technologische Infrastruktur, die es möglich macht, diese Verbindungen in eine gewisse Größe zu transportieren, sie zu skalieren; P2P befördert dadurch eine neue Form von Produktion und Eigentum; P2P schafft die Chance des Übergangs zu einer anderen Wirtschaftsordnung, die nachhaltig für Mensch und Natur ist.

P2P ist verwandt mit dem Denken der Commons, wie es im frühen Kapitalismus angelegt war, also der Einsicht, dass es bestimmte Güter gibt, die nicht privatwirtschaftlich, sondern gemeinschaftlich genutzt und verwaltet werden, Luft und Wasser und auch Boden etwa oder die Produkte kreativer Arbeit, die der Rechtsprofessor Yochai Benkler die »neuen Commons« genannt hat[22] – digitale Commons, könnte man auch sagen, also Wissen, Erkenntnisse, Software und Design. »Technologie«, heißt es in dem Manifest, könne am besten so verstanden werden, dass sie im Zentrum sozialer Kämpfe stehe und keine vorgegebene Logik habe, aus der nur eine technologisch mögliche Zukunft entstehen könne.[23]

P2P verbindet damit vieles von dem, was wir in diesem Buch bislang historisch oder theoretisch besprochen haben, mit dem, was in den folgenden Kapiteln behandelt wird – eine andere demokratische Praxis und eine direktere Kommunikation auf allen Ebenen. Vor allem liegt dieser Bewegung der Optimismus zugrunde, dass das Internet Möglichkeiten sozialer Transformation schafft, ein konstruktiver Ansatz also, aus der Technologie geboren.

Hierarchien und Märkte, heißt es in dem Peer-to-Peer-Manifest, seien in vor-digitalen Zeiten notwendig gewesen, weil Kommunikation und Koordination in einem gewissen Größenmaßstab nicht anders möglich waren. Heute aber schafft Technologie flachere Strukturen. Für den Kapitalismus bedeutet das eine Verschiebung von hierarchischen Entscheidungen und auch Preisvorgaben hin zu verschiedenen Mechanismen gegenseitiger Koordination und Absprachen. Grundlage ist, dass Wissen, also Informationen frei zirkulieren können und nicht monopolistisch kontrolliert werden – diese Wissensunterschiede schaffen erst die Möglichkeit, aus Asymmetrien Profit oder Gewinn zu erzeugen.

P2P dagegen ermöglicht ein anderes »Werte-Regime«, wie Michel Bauwens es nennt[24], das auch soziale oder ökologische Werte berücksichtigt. Wert wird also umfassender definiert, der Markt in seiner gegenwärtigen Gestalt wiederum als nur eine Möglichkeit unter anderen gesehen. Das wirtschaftliche Ökosystem besteht aus verschiedenen Akteuren, neben der Produktiv-Gemeinschaft und der Koalition der Commons-Unternehmer gibt es gewinnorientierte Akteure. Die Veränderungen gehen bis in die Sprache hinein, die das Denken prägt: So lautet Bauwens' Vorschlag etwa, statt Unternehmer oder Entrepreneur das Wort Untergeber oder Unterschenker oder eben Entredonneur zu verwenden.

Die Sicht der Commons-Bewegung wie auch von P2P auf Technologie ist gemeinschaftsbildend. Technologie, so Bauwens, sollte als »wert(e)-empfänglich« gesehen werden und sich »nach den materiellen Bedürfnissen und sozialen Vorstellungen derjenigen richten, die sie finanzieren, entwickeln und benutzen«[25]. Das Internet selbst, so die optimistische Sicht, bietet in seiner komplexen Entwicklung ein gutes Beispiel dafür, wie unterschiedlich ein und dieselbe Technologie für militärische, akademische, kommerzielle und zivilgesellschaftliche Zwecke genutzt werden kann. Sie ist somit weder ein Werkzeug des Kapitals noch ein Werkzeug der Befreiung. Es kommt vielmehr darauf an, wie man sie einsetzt, wie man, als Gruppe, Gemeinschaft, Gesellschaft, die sozialen und politischen Ziele und Zwecke definiert.

Vorgegeben in der Technologie ist nichts, und für Fatalismus gibt es keinen Grund. Bauwens und seine Mitstreiter benennen deshalb noch einmal die drei wesentlichen Eigenschaften des Internets: die Fähigkeit der Kommunikation von vielen mit vielen, weil die bisherigen Medien in das universelle digitale Medium integriert sind; die Fähigkeit der Selbstorganisation, die das Ergebnis der »erlaubnisfreien Kommunikation« ist;[26] und die Fähigkeit, materielle oder immaterielle Werte auf neue Art und Weise zu schaffen und zu verteilen.

Wie die Druckerpresse bietet das Internet die Möglichkeit, Herstellung, Handel und die Organisation der Gesellschaft neu zu gestalten. Der emanzipatorische Faktor bestünde, so Bauwens, vor allem darin, dass die Kommunikation von vielen mit vielen massiv vergrößert und damit verbessert werden könne. Für den Markt bedeutet das, dass er sich nach diesem Modell in eine extraktive und eine generative Form teilt, Kapitalismus versus Commons, wobei beide Formen auch ihre Grundlage in der technologischen Infrastruktur der Netzwerke haben.

Der »kognitive Kapitalismus«, wie Bauwens es nennt, also die Informationsgesellschaft, die auf Daten, Wissen, Design und Kultur beruht, bildet dabei eine besondere Form des extraktiven Marktes heraus, eine Hierarchie innerhalb der Netzwerke. »Netarchical«, das ist die Bezeichnung, die Bauwens wählt.[27] Die Arbeit oder Aktivität des Einzelnen wird damit zu einer Arbeit für das Netzwerk, das wiederum seinen Profit an die Kontrollinstanz abgibt. Das, was aus freiwilliger Kooperation entstanden ist, wird in einem Akt von kapitalistischer Ausbeutung zu einem gewinnmaximierenden Produktionsprozess. Die Fabrik ist damit Facebook, die Fabrikarbeiter*innen sind die Nutzer*innen, gegen ihren Willen und ohne dass ihnen das überhaupt bewusst wäre. Jedes System, das den

Wettbewerb um begrenzte Ressourcen fördert und damit Gewinner*innen und Verlierer*innen produziert, wird automatisch solche Hierarchien herstellen. Die Blockchain, die transparent und dezentral organisiert ist, könnte theoretisch kleinen und mittleren Gemeinschaften helfen, so Bauwens, Konsens herzustellen, also politische Prozesse autonom in Gang zu setzen, und neue Formen der Selbst-Regierung und Selbst-Verwaltung umzusetzen.

In Barcelona ist das bereits geschehen: Eine Daten-Demokratie auf Stadtebene, die die Technologie nutzt, um politische und wirtschaftliche Innovation voranzutreiben. Es ist ein vielversprechendes Modell für Teilhabe im 21. Jahrhundert.

Daten sind das Fundament der digitalen Demokratie. Wer Daten besitzt und kontrolliert, bestimmt den politischen wie den wirtschaftlichen Prozess. Deshalb ist es wichtig, dass die Bürger*innen Entscheidungsgewalt über ihre Daten haben.

Diese Erkenntnis ist der Anfang einer anderen Vorstellung von Staat, der von den Bürger*innen selbst gebaut wird, und einer anderen Vorstellung von Markt, der weniger extraktiv ist und im Idealfall zirkulär. Wenn Daten als öffentliches Gut, als Allmende verstanden werden, entstehen digitale Commons, wie sie der Peer-to-Peer-Ökonomie zugrunde liegen, die eine grundsätzlich andere Form von Markt ermöglichen, der sich an das Prinzip des Tauschhandels anlehnt und nicht dem Profitdenken unterworfen ist.

5. EXPERIMENT UND BEWEGUNG

- Demokratie ist die menschlichste Gestalt der Politik.
- Demokratie und Technologie schließen sich nicht aus.
- Technologie kann die Demokratie neu erschaffen.

In »Gott & Golem, Inc.« schreibt Norbert Wiener, der Kybernetiker, Visionär und Skeptiker der digitalen Welt: »Marx lebte in der Mitte der ersten industriellen Revolution, und wir stehen heute mitten in der zweiten. Adam Smith gehört einer noch früheren und noch überholteren Phase der ersten industriellen Revolution an. Eine dauerhafte Homöostase der Gesellschaft kann weder aufgebaut werden auf der starren Voraussetzung eines dauernden Fortbestandes des Marxismus noch auf einer ähnlichen Voraussetzung, die einen standardisierten Begriff des freien Unternehmens und der Profitwirtschaft betrifft. Es ist nicht so sehr die Art der Starrheit, die besonders tödlich ist, sondern vor allem die Starrheit selbst, welcher Natur sie auch sein mag.«[1]

Weder starr noch standardisiert, weder Marx noch Adam Smith, weder staatliche Planwirtschaft noch freie Marktwirtschaft, eine andere ökonomische Ordnung auf Grundlage einer anderen technologischen Realität – und damit auch eine andere politische Ordnung wegen einer anderen technologischen Rationalität, das ist die Quintessenz dessen, was Norbert Wiener aus der intimen Kenntnis des Computers ableitete; und es hat sich gezeigt, dass er in vielem richtig lag.

Was Wiener sah, so klar wie kaum ein anderer zu seiner Zeit: Das »zweite Maschinenzeitalter«, wie die beiden MIT-Ökonomen Andrew McAfee und Erik Brynjolfsson die Internet-Revolution genannt haben[2], verändert das ökonomische und damit auch das politische Denken nicht von außen und nicht schrittweise. Es sind die Grundlagen dieser alten, mechanistischen Ordnung selbst, die zur Disposition stehen, es sind die Wirkweisen der Demokratie, die auf ihre Gültigkeit hin geprüft werden müssen. Was wegfällt, ist die Sicherheit; was neu ist, ist die Veränderung, die ausgetestet werden muss, und die Geschwindigkeit, in der diese Veränderung stattfindet.

Das Problem, das Wiener sah, ist, dass sich der Mensch »in seiner physiologischen Struktur, im Gegensatz zur Gesellschaft als Ganzes, seit der Steinzeit sehr wenig verändert« hat.[3] Wie also geht der Einzelne mit diesen Veränderungen um, wie reagiert eine politische Ordnung auf diese Herausforderungen? Wie können wir lernen, mit dieser Instabilität zu leben? Wie können wir Instabilität nicht als Gefahr sehen, sondern als Chance, die alten Strukturen so zu verändern, dass sie den Menschen dienen – und nicht vor allem dem Selbsterhalt der Strukturen? Denn das Problem unserer Zeit ist nicht so sehr die Beharrlichkeit der Menschen, sondern die Eigenrationalität der Systeme, der Überlebenswille von Institutionen, angetrieben von mangelnden Alternativen und der

Angst der Menschen, die in diesen Systemen und Institutionen arbeiten.

Ganz konkrete ökonomische und politische Entscheidungen haben dazu geführt, dass der digitale Kapitalismus monopolistische Werte- und Wissensstrukturen schafft. Der Journalist Andrew Marantz hat das im »New Yorker« unter Rückgriff auf die Informationsrevolution durch den Buchdruck zusammengefasst: »Die Druckerpresse hat nicht das Problem der Gatekeeper beseitigt. Sie hat das Problem nur verlagert. Die alten Gatekeeper waren Prinzen und Priester. Die neuen waren Unternehmer wie Gutenberg und Caxton oder jeder, der genug Geld hatte, um sich einen Zugang zu verschaffen zu dieser mächtigen Technologie.«[4]

Im Grunde hat die neue Technologie, damals wie heute, die alten Machtstrukturen weitgehend intakt gelassen. Es gibt eine neue Unternehmer*in-Generation und eine neue Unternehmenskultur, aber die Grundprinzipien der ökonomischen wie der politischen Ordnung wurden nicht angetastet. Im Gegenteil, der Kapitalismus wurde gestärkt, die Demokratie wurde geschwächt. Um das zu ändern, um zu einem Zukunftsversprechen zu gelangen, das nicht nur für die Elite funktioniert, die immer reicher wird, sondern für alle, muss diese Ordnung verändert werden. Es geht darum, mit den heutigen Mitteln und Möglichkeiten andere Institutionen und Arbeitsweisen zu schaffen. Das hängt mit einer Reihe von Begriffen zusammen, die den Zustand der heutigen Welt beschreiben – aber auch eine potentielle andere Ordnung: Anwesenheit, Intensität, Instabilität, Effizienz, Experiment und Bewegung.

All diese Begriffe sind ambivalent, wenn nicht gar negativ besetzt: Instabilität etwa gilt es zu vermeiden, weil sonst die Ordnung in Gefahr gerät; Effizienz ist so sehr an marktwirtschaftliches und neoliberales Denken geknüpft, dass es schwerfällt, diesen Begriff mit zivilgesellschaftlicher Transformation zu verbinden; Experimente sind Wagnisse, die dem Wesen des Staates entgegenstehen, weil der Staat und die ihm zugrundeliegende Bürokratie konservativ organisiert, hierarchisch und starr strukturiert sind; Intensität wiederum ist das Ziel eines erfüllten Lebens und entsteht, sozial, politisch, ökonomisch, in den digitalen Welten, in der Vernetzung, in der dauernden Anwesenheit.

Diese Begriffe bilden den Rahmen dessen, was eine mögliche digitale Demokratie ausmachen könnte. Es sind Begriffe, die aus dem Inneren der technologischen Praxis stammen und doch eine Verbindung zu einer politischen oder gesellschaftlichen Ordnung haben. Technologie ermöglicht schnellere Entscheidungen, transparentere Kommunikation, andere Arten der Anwesenheit und Repräsentation; Technologie ist aber auch eine Organisations- und Arbeitsweise: Sie setzt anderes Denken und Handeln voraus und fördert es wiederum. Technologie ist kein Produkt, das man anfassen kann, sondern ein Prozess der Herstellung und Kooperation, so beschreibt es Roberto Mangabeira Unger in seinem Buch »The Knowledge Economy«. Technologie bedeutet für ihn Experiment, Entscheidungsenergie, die »fließende interne Struktur, die an die Stelle des Spezialisten tritt«[5]. Technologie bedeutet Versuch und Scheitern sowie konstantes Lernen aus diesem Scheitern.

Es ist ein Start-up-Geist, übertragen auf die Gesellschaft als Ganzes. Das Problem, so Unger, sei nicht die Veränderung der Gesellschaft und der Wirtschaft durch die Avantgarde, das

Problem sei vielmehr, dass die Veränderungen in allen relevanten Lebensbereichen nicht weit genug verbreitet sind, in der Bildung, Arbeit, Verwaltung, Demokratie. Denken und Praxis der Avantgarde bleiben insular und beschränkt auf einen eng gefassten gesellschaftlichen Raum. Innovation, so Ungers radikale Forderung an die Politik, müsse institutionell gefördert werden, sie dürfe nicht sporadisch und episodisch sein, sie müsse die Prozesse und die Institutionen kontinuierlich selbst erneuern und auch erschüttern. Die tiefere Struktur der Wissensökonomie, und für Unger auch der Wissensdemokratie, sei geprägt durch Imagination und Kooperation – wie wir arbeiten, prägt auch, wie wir denken. Wie wir denken, könnte man sagen, prägt wiederum, wie wir leben.

Der andauernde Wissensproduktionsprozess, den Unger im Zentrum der Ökonomie sieht, ist damit auch ein entscheidender Faktor, um die Demokratie zu befeuern: »Wenn wir den Grundimpuls der Wissensökonomie radikalisieren, dann wird die Art und Weise, wie wir zusammenarbeiten, um praktische Ziele zu erreichen, ein Ausdruck unserer Vorstellungskraft.«[6] Unger, der transzendentale Materialist, formuliert eine politische Vision, die sich integral aus der Geschichte des Denkens entwickelt, das wiederum von der Geschichte der Technologie geprägt ist, also der Beziehung zwischen Mensch und Maschine. Er fordert einen radikalen Humanismus, um die Wirkweisen der Wissensökonomie möglichst weit zu verbreiten. Die einzige menschliche Fähigkeit, die der Maschine überlegen ist, ist die der Imagination, die Vorstellungskraft also, die über das Gegebene hinausgeht. Darin sieht Unger den Unterschied, und dieser Unterschied hat politische Sprengkraft.

Wir können die Verhältnisse, die Institutionen, die Welt, die wir geschaffen haben, nur dann überwinden, wenn wir dieses Befreiungsmoment in der Wirtschaftsordnung nutzen, wenn aus der Logik der Technik die Erhöhung des Menschen entsteht, wenn der Mensch Gott wird, wie Unger es zuspitzt. »Kein Mensch sollte gezwungen sein, etwas zu tun, das auch eine Maschine tun könnte«[7], schreibt Unger. Der Moment der Befreiung durch die Maschine ist verbunden mit einer Vermenschlichung der Ordnung und Funktionsweise des Marktes, die geprägt sein sollte von Vertrauen, Handlungsfreiheit und einer »moralischen Produktionskultur«.[8]

Historisch betrachtet ist Ungers Unternehmung und vielleicht der Plan einer neuen politischen Philosophie für das digitale Zeitalter überhaupt eine Absage an die Lösungen der Politik der Industrialisierung mit ihrer Logik von Umverteilung durch Steuer-Arrangements. Unger formuliert eine Vision, die er »prophetische Stimme« nennt und für zentral im Prozess der demokratischen Transformation hält, verbunden mit konkreten und pragmatischen Schritten. Keine Blaupause für eine Revolution, sondern eine Richtung. »The adjacent possible«[9], so bezeichnet Unger diesen Möglichkeitsraum, der sich an unsere Wirklichkeit anschließt.

Das angestrebte Ergebnis ist für Unger eine »high-energy democracy«, eine Starkstrom-Demokratie, die sich von der Schwachstrom-Demokratie unserer Tage dadurch unterscheidet, dass sie schneller und vor allem experimenteller agiert, dass sie durchlässiger ist für Scheitern, Innovation, Imagination, dass sie institutionelle Arrangements schafft, die sich dauernd selbst in Frage stellen. Ähnlich dem Prinzip der Wissensökonomie, die nicht zwischen Praxis und Theorie unterscheidet, sieht Unger dieses Prinzip als wesentlich für eine befeuerte Demokratie: Die »high-energy democracy« durchdringe die Ordnung des ganzen sozialen Lebens, geprägt von »Wettbewerb und Experiment«.[10]

Vor allem Wettbewerb, »contest« in den Worten Ungers, ist dabei ein Begriff, der heute stark neoliberal kodiert ist. Aber wenn sich die Funktionsweisen des Marktes ändern, die Eigentumsverhältnisse und die Mitspracherechte, dann ist auch Wettbewerb nicht mehr auf Sieger und Verlierer reduzierbar. Anstatt der »winner takes all«-Variante[11] der Marktwirtschaft wäre eine andere Form von Ideenwettbewerb möglich, eine Innovationsdemokratie, in der sich auch die zivilgesellschaftlichen Arrangements konstant erneuern.

Uns ist bewusst, dass diese Veränderungslust in einer von Angst geprägten Welt – vor Klimawandel, Arbeitsplatzverlust, ökonomischem Abstieg, fehlender Altersversorgung, als bedrohlich empfundener Migration und unbekannter Technologie – bedrohlich wirken kann oder gar utopisch. Wirklich bedrohlich für den Fortbestand der Demokratie ist aber der Teufelskreis aus Angst und Apathie. Denn Demokratie braucht Innovation wie wir Lebewesen Sauerstoff. Ohne Erneuerung verliert die Demokratie an Kraft und Überzeugung, sie entleert sich ihrer Möglichkeiten, sie stagniert und öffnet sich regressiven und reaktionären Tendenzen. Es entsteht also genau das, was wir gerade erleben. Die politische Philosophie, die Unger aus diesen Gedanken entwickelt, sieht Vertrauen und Kooperation als Grundlagen einer technik- und wissensbefeuerten Demokratie. Technologie treibt die Dezentralisierung von Produktions- wie Entscheidungsprozessen voran, sie ermöglicht auch die Verbindung von Menschen zu direkten Aktionen und konkreten Zielen. Es sind politische Prozesse, die verändert werden durch Technologie, im Denken wie im Handeln, wie auch die Commons das Denken und Handeln des Marktes verändern. Wirtschaft und Politik, das ist Ungers These, stünden damit in engem Wechselverhältnis. Die Innovation auf dem einen Gebiet führe zu Innovation auf dem anderen.

Unger beschreibt seine Vision in vier Schritten: Erstens, die politischen Konflikte und unterschiedlichen Interessen müssten schärfer formuliert und diskutiert werden. Das gäbe der Gesellschaft Vitalität und Stärke und ermögliche Reichtum, die Fülle des Lebens, für den Staat wie für das Individuum, das »geformt wird durch und gegen die verschiedenen Gruppen, zu denen es gehört«.

Zweitens, Konflikte und Engpässe, die Veränderung verhindern, müssten schnell gelöst werden. Konflikte dürften nicht vermieden werden, im Gegenteil, aber sie dürften auch nicht künstlich verlängert werden. »Das Ziel«, so Unger, sei es, »die Temperatur zu erhöhen und auch die Schlagzahl«, das Ziel sei es, »Fehler so schnell wie möglich zu machen«.

Drittens, die Spannung zwischen Zentralmacht und lokaler Autorität müsse genutzt werden. Der konventionelle Föderalismus verhindere Autonomie und radikal andere Wege innerhalb eines gemeinsamen Staates, was nichts anderes sei als das »Scheitern der institutionellen Vorstellungskraft«.

Und viertens, eine »high-energy democracy« bräuchte das dauernde Engagement ihrer Bürger*innen. Dies bedeute nicht, dass diese ständig politisch aktiv sein müssten; es bedeutete nur, dass sich die »Hitze« politischer Konflikte und die eher kühle institutionelle Logik nicht ausschließen müssen.[12]

Nötig sei es, so Unger, die Verbindung von privatem Geld und öffentlicher Politik zu kappen. Außerdem müssten soziale Bewegungen den gleichen Zugang zu Massenmedien bekommen wie etablierte Parteien. Elemente direkter Demokratie müssten eingeführt werden, ohne die repräsentative Demokratie abzuschaffen, etwa durch lokale Verwaltung unter Einbeziehung der Zivilgesellschaft – oder durch die Verbindung von Staat und Gesellschaft durch Dritte, Kooperativen zum Beispiel, die aktiv werden können in Bereichen wie Gesundheit oder Bildung.[13]

Es ist eine andere, eine deliberative Demokratie, die Unger hier entwirft, ein System, das aus dem Austausch von Informationen entsteht, technologisch angetrieben. Ähnlich beschreibt es der britische Autor Jamie Susskind in seinem Buch »Future Politics«, das Theorie und Praxis des technologischen Zeitalters sein will. Ob wir es wollen oder nicht, so Susskind, unsere Zukunft werde vom Code bestimmt sein. Code sei eine neue Form von Macht, Code sei ein Gesetz ohne Gesetzgeber, Code sei die Ordnung einer zunehmend quantifizierten Gesellschaft. Code werde den »supercharged state« ermöglichen, also den Staat auf Steroiden, fast allmächtig in seinen Möglichkeiten der Kontrolle.[14] Code werde den Reichtum in den Händen einiger weniger konzentrieren. Es könnte aber auch anders kommen.

»Technologie könnte fundamental verändern, was es für Menschen bedeutet, sich selbst zu regieren«[15], schreibt Susskind und stellt verschiedene Formen digitaler Demokratie vor: die deliberative Demokratie, die direkte Demokratie, die Wiki-Demokratie, die Daten-Demokratie, die AI-Demokratie. Keine sei perfekt, so Susskind, aber in vielen Elementen seien diese Modelle der heutigen Demokratie überlegen.[16] Und das sei das Entscheidende: dass die Technologie es ermöglicht, das Zusammenleben besser zu organisieren und die Mächtigen zur Verantwortung zu ziehen.

Tatsächlich entsteht die Gesellschaft, wie sie Susskind beschreibt, in einem ständigen Prozess der Co-Creation, also als eine andauernde Gemeinschaftsproduktion der Bürger*innen – ein Konzept, das der Idee der deliberativen Demokratie gleicht, vom Optimismus der frühen Internet-Jahre beflügelt. Der Brexit hat gezeigt, wie absurd Entscheidungen ausgehen können, die mit einer knappen Mehrheit Fakten schaffen. Die deliberative Demokratie setzt diesem Entscheidungsprimat das Konzept des informierten, faktenbasierten Gesprächs gegenüber, das den politischen Prozess verändern soll.

Zentral sind dabei Begriffe wie Genauigkeit (der Argumente), Kenntnis (des Sachstandes), Nachverfolgbarkeit (der Entscheidungen), Verantwortlichkeit (gegenüber den Wähler*innen), Transparenz (in allen Prozessen), Übersicht (über die Pläne, Budgets, Initiativen), Vertrauen als Grundlage von allem. Diese Ziele lassen sich alle mit Technologie viel leichter umsetzen als ohne.

Ein eher klassisches Beispiel ist die direkte Demokratie, die seit Jahrhunderten diskutiert wird und über die Rousseau sagte, sie sei nicht praktikabel, denn es sei unmöglich, dass alle Menschen gleichzeitig in einer Versammlung sitzen würden, um sich um das öffentliche Wohl zu kümmern. In der digitalen Welt können die Menschen aber anwesend sein, ohne physisch präsent zu sein. Sie können Argumente austauschen, sie können Reden zuhören, sie können Dokumente lesen, sie können sich informieren, ohne auf zentrale Institutionen angewiesen zu sein. Sie sind dezentral, mobil und doch ver-bunden.

Die »liquid democracy«, wie sie von DemocracyOS ent-wickelt wurde, ist ein Weg, das Prinzip der direkten Demo-kratie in der politischen Praxis anzuwenden. Die Stimmen werden nach thematischen Fragen delegiert, die Entschei-dungsprozesse werden aufgebrochen, die Diskussionen sind differenzierter. Für den demokratischen Prozess bedeutet das, dass Expert*innen je nach Thema in die Entscheidungen eingebunden werden können und dass sie Stimmen für einen bestimmten Zeitraum übertragen bekommen. Die deutsche Piraten-Partei etwa hat dieses Prinzip ausprobiert.[17]

Diese wesentliche Qualität der digitalen Technologien bleibt für die Demokratie nicht ohne Konsequenzen, sie kann sie demokratisieren und die Entscheidungs- und Beteiligungs-prozesse offener, schneller, besser machen. Die Selbstregie-rung lässt sich digital ganz anders umsetzen als analog, was den Druck auf die repräsentative Demokratie erhöht, deren Legitimation nicht mehr automatisch mit der Abwehr von anderen Formen der demokratischen Praxis gegeben ist. Sie muss sich aus sich heraus begründen, gegen Alternativen wie etwa die von Susskind beschriebene Wiki-Demokratie, die das Prinzip der Crowd, eine genuin demokratische Idee, auf die politische Praxis anwendet.

In Neuseeland wurde ein ähnlicher Prozess bereits 2007 ge-testet. Die Bürger*innen hatten die Möglichkeit, gemeinsam einen neuen Policing Act mitzuverfassen. Und in Brasilien wurde ein Drittel eines offiziellen Jugend-Statutes direkt von jungen Brasilianer*innen über das Prinzip des Crowdsourcing erstellt.[18] Hunderte beteiligten sich über die Plattform »e-Democracia Wikilegis« an einer »Bill of Rights« für das Internet. Das alles seien, wie Susskind anmerkt, sorgfältig vorbereitete und begleitete Verfahren, Übungen innerhalb klar definierter Parameter – die sich aber erweitern und vertiefen lassen.

»In einer wirklichen Wiki-Demokratie«, schreibt Susskind, »müsste flexibel sein, wie und in welchem Maß die Einzelnen sich einbringen. Die politischen Vorgaben könnten in einem differenzierten Prozess entwickelt werden (Diagnose, Framing, Daten-Findung, Entwurf, Überarbeitung und so weiter), und jeder Teil dieses Prozesses würde von Gruppen oder Individuen angeleitet, die dazu bereit oder am besten qualifiziert wären«.[19] Gesetze, so Susskind, könnten theoretisch von der Öffentlichkeit in einem andauernden Prozess neu geschrieben und weiterentwickelt werden, angepasst an die neuesten Erfahrungen, Ergebnisse, Feedback, Daten und Informationen, transparent und kontinuierlich, durch Menschen oder spezielle KI.

Susskind sieht jedoch auch die Schwierigkeiten der digitalen Wiki-Demokratie, Entscheidungsengpässe etwa oder die Apathie derjenigen, die sich in diesen aufwendigen Prozess nicht einbringen wollen. Oder das Risiko einer Funktionselite, die aus der Wiki-Demokratie eine Wiki-Aristokratie formen könnte. »Diskurse«, sagte Jürgen Habermas, »regieren nicht«[20]. Das gilt auch für die digitale Demokratie. Die praktischen Probleme einer Wiki-Demokratie sind groß – aber nur, wenn es darum geht, eine reine Wiki-Demokratie zu entwerfen.

Die Daten-Demokratie, so wie Susskind sie beschreibt, wäre rationaler, schneller, auch gerechter, die Grundlage für politische Entscheidungen entstünde in Echtzeit, live, aus den

Informationen, die jederzeit vorhanden sind. Diese Daten zeigen,»wer wir sind, und nicht, wie wir denken, dass wir sind«[21], so Susskind. Die Daten fordern unsere Weltsicht heraus, sie können die mediale Verengung mancher Themen aufbrechen, sie stellen Kontext her und vermeiden kognitive Verzerrungen.

»Wir lassen uns zu sehr von anderen beeinflussen«, schreibt Susskind über eines der Probleme der Demokratie,»vor allem von denen mit Macht. Wir gehen gern konform und wollen von anderen gemocht werden. Wir ziehen die Intuition dem Verstand vor. Wir bevorzugen den Status quo.«[22] Die Daten-Demokratie wäre damit wirklich repräsentativ, so Susskind, die»zivilen Daten« wären die Grundlage für zivile Entscheidungen, je mehr Daten im demokratischen System zirkulieren, desto demokratischer ist das System.

Auch dieses Regierungsmodell birgt in seiner reinen Form einige Probleme. Die Qualität der Daten muss gewährleistet sein. Außerdem zeigen Daten das, was ist, und nicht das, was sein könnte. Dieser Möglichkeitshorizont jedoch zeichnet Zukunftspolitik aus. Auch die Intensität, die Hitze der Argumente, direkt, unverstellt, ohne Parteien, jenseits der etablierten politischen Struktur – all das, was Roberto Unger für eine lebendige Demokratie fordert, würde eine untergeordnete Funktion haben. Was entsteht, ist das Bild einer demokratischen Mischform, getragen von einer Offenheit gegenüber den Stärken von Technologie und einem Bewusstsein dafür, wie sich Technologie und Mensch, Technologie und Demokratie gut ergänzen können.

Das wohl radikalste Modell, das Susskind vorstellt, ist die KI-Demokratie. Dabei würden einzelne Funktionen vollständig an Algorithmen ausgelagert werden – in etwa so, wie es Deep Knowledge Ventures vormacht, ein Investor aus Hongkong, der einen Algorithmus in sein Board of Directors aufgenommen hat.[23] Sollten wir also Algorithmen auch mit politischen Funktionen oder Ämtern ausstatten, etwa in der Planung von Wasser- oder Energieversorgung?

Die politische Theorie, so Susskind, muss diese Herausforderung und reale Möglichkeit ernst nehmen.[24] Ähnlich wie im Fall von Big Data stellt sich die Frage, wie und mit welcher Begründung ein Gemeinwesen einen wichtigen Schatz an Informationen aus dem demokratischen Entscheidungsprozess ausschließen kann. Reicht es aus, sich den technischen Möglichkeiten mit dem Verweis auf die menschliche Dimension zu verweigern, weil der Mensch die Grundlage der Demokratie bildet?

Wir haben schon vorher diskutiert, wie sich das Selbstverständnis und auch die rechtlichen Kategorien von Bürger*innen, Robotern und KI ändern werden, je fortgeschrittener die Technologie wird. Die Frage der KI-Demokratie ist dabei direkter: Wenn offene, kontrollierbare und nachvollziehbare Entscheidungen wesentlich für eine funktionierende Demokratie sind, was würde es dann bedeuten, dass Entscheidungen von Algorithmen getroffen werden, deren Abwägungsprozesse entweder nicht transparent oder für Menschen schwer verständlich sind? Wäre dieser Prozess noch demokratisch? Welche Rolle würden die Menschen spielen, Parlamente, Räte, Versammlungen, falls sie noch überhaupt eine Funktion hätten? So könnte KI bestimmte Aufgaben übernehmen, durchaus auch autonom, aber durch parlamentarische Kontrolle abgesichert. KI könnte außerdem helfen, Gesetze zu erarbeiten; unterstützt von Big Data, wäre eine effektivere legislative Praxis denkbar.

Der Druck auf die repräsentative Demokratie wächst, er kommt aus verschiedenen Richtungen. Der äußere Druck wird von Technologie erzeugt, welche die demokratischen Abläufe komplett verändern könnte und wohl auch verändern wird. Von innen wird die repräsentative Demokratie unter anderem von der Einsicht unter Druck gesetzt, wie sehr die Klimakrise auch die Legitimität des Systems betrifft – eines Systems, das über Jahrzehnte nicht in der Lage war, die wissenschaftlichen Erkenntnisse umzusetzen und sich gegen gedankenlosen Konsumismus und den Druck industrieller Lobbygruppen zu behaupten. Ein System, das trotz Millionen demonstrierender Bürger keine Maßnahme präsentieren kann, die eine Lösung darstellen könnte. Ein System, das in einem absurden »shorttermism« gefangen ist.

Es geht darum, die politische Praxis zu verbessern: »Citizen oriented, citizen first«, wie es Diego Piacentini beschreibt.[25] Piacentini hat 13 Jahre für Apple und 16 Jahre bei Amazon gearbeitet, bevor er 2016 vom damaligen Regierungschef Italiens Matteo Renzi damit beauftragt wurde, den italienischen Staat digital und effizient neu zu gestalten – eine Transformation, für die ihn die Regierung ein interdisziplinäres Digital-Team zusammenstellen ließ. Sein Ansatz dreht das Denken der klassischen Bürokratie radikal um. Es ist »human centered design«. Um die staatliche Verwaltung in Italien besser zu strukturieren, konzentriert sich Piacentinis Team auf vier Bereiche. Erstens: ein einfaches digitales Bezahlsystem für Verwaltungstätigkeiten zu entwickeln, ein System, das über Mobiltelefone genutzt werden kann, für Städte wie für nationale

Dienste anwendbar und mit anderen Zahlungssystemen verlinkt ist. So erhöhte Piacentini bereits nach einem Jahr die Quote der digitalen Bezahlung von Verwaltungsleistungen von einem auf sechs Prozent – in einem Land wie Italien ein wichtiger Schritt zur Reduzierung von Korruption. Zweitens: eine zentrale Registrierungsplattform für Bürger*innendaten einzurichten, die bisher mit Mails und per Telefon zwischen den 8000 Gemeinden und Städten ausgetauscht wurden. Drittens: den elektronischen Personalausweis; und viertens: die elektronische ID.

Im Zentrum dieser Neuerungen steht eine App für das Smartphone, mit der Bürger*innen als Kund*innen einer Technologieplattform alle staatlichen Funktionen einfach und sicher abrufen können. Es ist also eine Art staatliches Start-up, heute würde man es GovTech nennen, das – als Experiment gestartet – Italien zu einem funktionaleren und effizienteren Staat machen sollte.

Das Beispiel zeigt, welche Veränderungen in der demokratischen Praxis stattfinden. Die Konstruktion der analogen Demokratie war abstrakt. Sie ging von Ideen wie Gleichheit und Freiheit aus. Die digitale Demokratie dagegen ist konkret. Sie geht von Realitäten aus, im Plural. Sie bietet die Möglichkeit von Genauigkeit, von Verschiedenheit, von radikaler Differenz. Die Herausforderung besteht darin, die Evidenz und vor allem die Realität der demokratischen Ideen lebendig zu halten. Das ändert auch die Form der politischen Organisation und damit das Wesen der Demokratie selbst – durch die Möglichkeit der direkten Kommunikation zwischen Politiker*innen und Wähler*innen etwa und auch der Kommunikation unter Wähler*innen oder Protestierenden.

Ganz ähnlich verhält es sich mit den klassischen etablierten politischen Akteuren, die ihre Macht im demokratischen Prozess verlieren, die sich verändern und mit neuen Akteuren und neuen Organisationsformen konfrontiert sind. Dazu gehört einerseits, dass sich speziell rechte Gruppierungen über das Internet in Foren organisieren, um sich auszutauschen und zu radikalisieren, dass Rechte also die Mittel der digitalen Technologien nutzen, um ihren Einfluss als Splittergruppe überproportional zu vergrößern und damit den demokratischen Diskurs teilweise auszuhebeln. Andererseits sind auch emanzipatorische Bewegungen in der Lage, sich über das Internet besser zu organisieren. Die Logik des Netzes überträgt sich dabei auf die Logik der Bewegungen, die sich vor allem dezentral, hierarchiefrei, horizontal verbinden.

Occupy Wall Street ist ein wichtiges Beispiel, eine Bewegung, die im Revolutionsjahr 2011 entstanden ist, als es weltweit zu Bürgerprotesten kam, die den Status quo herausforderten. Auslöser waren ökonomische Unzufriedenheit, fehlende politische Repräsentation und das Denken einer neuen Generation, aufgewachsen mit dem Internet. Ausgehend von einem relativ spezifischen und konkreten Thema, Widerstand gegen die gegenwärtige kapitalistische Ordnung, entwickelte Occupy Wall Street ein System von Regeln und Handlungsweisen, die das Politische mit dem Alltag verbanden. Die Veränderung war eine des Bewusstseins und deshalb schwer messbar mit herkömmlichen politischen und medialen Mitteln.

Viele dieser Protestbewegungen hatten gemeinsam, dass sie durch digitale Mittel ins Leben gerufen wurden und mithilfe genau dieser Mittel ihre Wucht entwickelten. Das trifft vor allem auf die Revolutionen in Tunesien, Ägypten und der Türkei von 2011 bis 2013 zu, die von organisierten Teilen der Bevölkerung getragen wurden, die vorher fragmentiert und isoliert gewesen waren in einem Kommunikationsumfeld, das von staatlicher Kontrolle und Repression geprägt war. Die Autorin, Akademikerin und Zeitzeugin Zeynep Tufekci beschreibt eindrucksvoll in ihrem Buch »Twitter and Tear Gas. The Power and Fragility of Networked Protest«[26], welchen erheblichen Anteil die sozialen Medien daran hatten, dass die Menschen sich organisieren konnten, dass Minderheiten ihre Stimme fanden, dass sich Opposition formieren konnte. Erst wären diese Bewegungen vor allem von westlichen Medien gefeiert worden, oft ohne wirkliches Verständnis für die Wirkweisen von sozialen Medien oder die genauen Gegebenheiten vor Ort. Dann wäre mit dem Scheitern oder den Schwierigkeiten der Proteste auch die Möglichkeit von Wandel durch Technologie an sich diskreditiert worden.

Die Schwierigkeiten der jungen Bewegungen erklärt Tufekci folgendermaßen: Die Teilnehmer*innen der Protestbewegungen hätten technologisch begründet radikal andere Organisationsformen zur Verfügung gehabt, sie hätten aber nicht gewusst, wie man die Technologie in politische Praxis umsetzt. Sie wären unvorbereitet gewesen und wären schnell in eine neue Realität katapultiert worden. Dabei hätten sie übersehen, dass politische Veränderung langwierig und mühsam und immer mit Opfern verbunden sei. Was aber nicht heißt, auch das betont Tufekci, dass die neuen Technologien nicht vollkommen neue Formen des politischen Protestes und der demokratischen Organisation möglich machten.[27]

Tatsächlich leben wir längst in einem neuen politischen

Zeitalter. Und die Bruchlinien dieser Zeit verlaufen zwischen denen, die sich dem Neuen öffnen, und denen, die sich davor verschließen. Das hat massive Konsequenzen für das bestehende Parteienspektrum. Die konservativen Parteien gerade in den USA und in Großbritannien verändern und radikalisieren sich. Die linken oder liberalen Kräfte verharrten oft in den alten Formen und der alten Logik. Und das hat historische Gründe. Die Sozialdemokratie war als Antwort auf die Fragen der Industrialisierung, der Massengesellschaft, des analogen Kapitalismus entstanden. Die Grünen und die Umweltbewegung waren wiederum die Antwort auf die Fragen des nuklearen Zeitalters, der Verwundbarkeit des Planeten, des Karbon-Kapitalismus. Wie sollte eine progressive Antwort auf die Herausforderung des digitalen Kapitalismus aussehen?

Erste Beispiele dafür gibt es bereits, die Bewegung des französischen Präsidenten Emmanuel Macron etwa, En Marche, die die Sozialdemokratie spaltete und hinter sich ließ, etablierte Parteistrukturen ignorierte, Politikkarrieren vollkommen neu definierte, indem auch Nichtpolitiker*innen in Ämter kamen. Vor allem aber ist En Marche auch inhaltlich oder ideologisch ein neuer Zuschnitt, neoliberale Elemente neben einer Rhetorik des starken Sicherheitsstaates und einer konstruktiven Europa-Politik.

Auch in den USA entstehen neue Wege, Politik zu gestalten. Alexandria Ocasio-Cortez etwa, die junge Kongress-Abgeordnete aus New York, die einen ganz neuen Ton und auch neue, mutigere Inhalte in die amerikanische Politik bringt, wie den Green New Deal, wäre wohl gar nicht gewählt worden, wenn die »Justice Democrats«, eine Gruppe digital sozialisierter junger Demokrat*innen, nicht eine Graswurzelsuche nach geeigneten Kandidat*innen initiiert und das Partei-Establishment überrumpelt hätten. Auch die Präsidentschaftskandidaturen von Bernie Sanders, Elizabeth Warren und Pete Buttigieg wären ohne die disruptive Logik der digitalen Möglichkeiten wohl nicht zustande gekommen. Für die Demokratie bedeutet das im 21. Jahrhundert: Wo früher Parteien waren, sind heute Bewegungen. »Run For Something«, so heißt eine amerikanische Online-Plattform, die Menschen dabei unterstützt, sich politisch zu engagieren und wählen zu lassen.[28]

Das Feld sortiert sich neu, formal und inhaltlich. Das zeigt auch die wohl wirkungsvollste politische Bewegung der vergangenen Jahrzehnte, die weltweit von Fridays for Future organisierten Schüler*innenstreiks, mit Greta Thunberg als Symbolfigur. Diese Generation hat längst einen neuen Weltzugang, sie ist digital vernetzt, ihre Realität ist lokal, ihr Bewusstsein ist global. Und genau das sind die Grundlagen einer anderen demokratischen Praxis.

Technologie ist eine Art zu denken: experimentell, kleinteilig, in Teams, offen für das Scheitern. Das bedeutet, auf die demokratische Praxis angewandt, dass Technologie schnellere Entscheidungen, transparentere Kommunikation, andere Arten der Anwesenheit und Repräsentation, eine andere Organisations- und Arbeitsweise ermöglicht. Diese Veränderung der Demokratie – wie auch der Gesellschaft generell – erzeugt Angst, sie ist aber auch der einzige Weg, die Demokratie neu zu denken. Ohne Innovation wird die Demokratie scheitern.

Die etablierten Institutionen müssen sich ändern, um diese neue Demokratie zu ermöglichen. Die Zuordnung der Parteien etwa nach klassischen Milieus funktioniert längst nicht mehr. Wenn sich Fragen von Arbeit und sozialen Werten links wie rechts anders darstellen, weil sich das Wesen der Arbeit und die Offenheit der Gesellschaft ändert, dann ergeben sich fluidere und kurzfristigere Allianzen im politischen Raum. Gleichzeitig wächst der Druck von außerparlamentarischen Gruppen wie Fridays for Future, gerade weil die Demokratie im Zeichen der Klimakrise zu versagen droht.

6. SUPER LOCAL, HYPER GLOBAL

- Klimakrise, Migration, die Bewegungen von Kapital und Wissen sind nicht national zu lösen.
- Nur in der Verbindung von lokalen Initiativen und globalem Bewusstsein lassen sich die Probleme unserer Zeit lösen.
- Städte werden Orte der Emanzipation und Nachhaltigkeit.

Städte sind Orte der Zukunft und der Zivilisation; sie waren es, bevor die Idee der Nation aufkam, sie werden es immer noch sein, wenn die Nation verschwunden ist. Die Nation ist keine Notwendigkeit, auch wenn es heute so wirken mag; das Denken in nationalen Kategorien zeugt eher von einem Mangel an Imagination und einer Reduktion der Wirklichkeit. Die Idee der Nation, so beschreibt es Benedict Anderson in seinem Buch »Imagined Communities. Reflections on the Origin and Spread of Nationalism«[1], geht auf diverse Umwälzungen der Neuzeit zurück. Die Vorstellung einer gemeinsamen Geschichte ist für Anderson die Konsequenz von sozialen, ökonomischen und kulturellen Veränderungen, die mit der Druckerpresse im 16. Jahrhundert begannen, sich im 18. Jahrhundert mit der Aufklärung verstärkten und im 19. Jahrhundert durch die Industrialisierung ihre Erfüllung fanden. Die Nation war die ordnende Kraft der Moderne und zugleich ihre zerstörerische Kraft – sie ist, so könnte man Andersons These fortführen, eine Zurückweisung bestimmter universeller Wahrheiten wie der allgemeinen Menschenrechte, die eben national interpretiert nicht allgemein sind, sondern speziell für die Bürger*innen des Landes reserviert.

Die Demokratie dagegen, die in ihrer gegenwärtigen Form mit und in der Nation entstanden ist, ist genau auf diesen universellen Wahrheiten aufgebaut. Demokratie ist eben nicht partikular, sie ist umfassend in ihrem Versprechen von Freiheit, Gleichheit, Teilhabe. Sie regelt Autonomie und Identität auf eine Art und Weise, die die allgemeinen Menschenrechte beachtet. Von gegenwärtigen Nationalisten wie Trump und Modi, Erdoğan und Bolsonaro bis zur AfD wird dieser Gedanke ins Gegenteil verkehrt, indem genau der Partikularismus der Nation betont wird und eine exklusive, ausschließende und oft auch autoritäre Demokratie entsteht, die den wirtschaftlichen, sozialen und vor allem technologischen Möglichkeiten unserer Zeit entgegenläuft.

Die technologische Logik steht der nationalistischen Norm und Form fundamental entgegen. Die Nation ist damit nicht nur in der Krise, sie ist als Voraussetzung und Garant der Demokratie an ihr Ende gekommen. Auf absehbare Zeit bleibt die Nation zwar der Rahmen für Veränderungen, sie selbst muss sich jedoch auch verändern, weil es die technologischen Entwicklungen erfordern. Die Fragen unserer Zeit und unserer Zukunft, allen voran der Umgang mit der Klimakrise, die das 21. Jahrhundert prägen wird, sind zu groß und zu komplex, als dass sie auf nationalem Niveau angegangen werden könnten. Die nicht nur ökologisch, sondern auch gesellschaftlich destruktiven Folgen der Klimakrise deuten sich bereits heute an, etwa in Form mangelnder Solidarität gegenüber Geflüchteten, die zum Teil vor den Folgen klimatischer Veränderungen fliehen.

Die Antwort der Nationalist*innen auf diese Herausforderung ist Abschottung. Das ist keine zielführende Strategie, jedenfalls dann nicht, wenn die Demokratie bewahrt werden soll, die auf individueller Freiheit und der Achtung der allgemeinen Menschenrechte beruht. Es muss vielmehr gelten: Die Verantwortung ist global, die Aktionen sind lokal. Der Horizont also, die Utopie, reicht über die Grenzen hinweg, die keine nationalen mehr sind, sondern Grenzen der eigenen direkten Wahrnehmung und Wirklichkeit. Eine solche geopolitische oder planetare Verschiebung der Politik entspricht einer neuen technologischen Welt, die im Idealfall ähnlich funktioniert: Das Internet und die sozialen Netzwerke ermöglichen eine erdumspannende Kommunikation, eine globale Verbundenheit, ein interdependentes Bewusstsein – und dabei eine lokale Realität und Organisation.

Zugespitzt heißt das: Die Zukunft der Demokratie ist lokal. Die lokalen, städtischen Zusammenhänge eröffnen ganz neue Antworten für die wesentlichen politischen Fragen an die repräsentative Demokratie, Antworten, die aus der technologischen Realität unserer Tage entstehen. Die lokale Demokratie ist etwas, das bislang nicht speziell in Abgrenzung zur Nation gedacht wurde. Sie lässt sich aber, wie Bruce Katz und Jeremy Nowak in ihrem Buch »The New Localism. How Cities Thrive in the Age of Populism« zeigen[2], ganz anders bauen, definieren, nutzen.

Einzelne Stadtviertel, Gemeinden und Städte haben in den vergangenen Jahrzehnten bereits bewiesen, dass sie Armut, Gentrifizierung, ökologische Probleme oder Arbeitslosigkeit auf lokaler Ebene erfolgreich bekämpfen können. Lokale Lösungen sind die Antwort auf die populistische oder rechtsnationalistische Revolte gegen das offensichtliche Missmanagement der nationalen und internationalen ökonomischen und politischen Eliten und die Wut auf die explodierende Ungleichheit. Katz und Nowak stellen ihr Konzept des »New Localism« sogar explizit als entscheidendes Mittel zur Bekämpfung des gegenwärtigen Populismus vor. Sie eröffnen damit eine neue Perspektive auf die Frage, wie die repräsentative Demokratie reformiert, erneuert und ersetzt werden kann. Ihr Ansatz ist pragmatisch, unideologisch und vor allem lösungsorientiert.

Die Menschen vor Ort, das ist eine zentrale Annahme ihres Buches, wissen im Zweifelsfall besser, was die richtige Lösung für ein Problem ist. Bottom-up anstatt top-down. Ein Beispiel aus der Verkehrspolitik: Um der Tendenz zunehmender Staus innerhalb einer Region entgegenzuwirken, würde eine nationale Institution wahrscheinlich ein Straßenbauprogramm aufsetzen. Dies kann jedoch nur ein stumpfes Werkzeug sein, um die Verkehrssituation einer Kommune zu lösen. Das amerikanische Unternehmen Remix dagegen, das über 300 Städte und Gemeinden berät, berechnet die optimale Maßnahme zur Staubekämpfung mit einer cloudbasierten Software. Dabei fließen Zahlen aus der Unfall- und Staustatistik, der Straßenabnutzung, des öffentlichen Nahverkehrs sowie demographische und lokale Wirtschaftsentwicklungen ein.[3] Mithilfe der Software können einzelne Straßenprojekte, Fahrradwege, neue Straßenbahn- und U-Bahn-Linien mit Ist-Zahlen verglichen und live geplant werden. Potentielle Kosten und wirtschaftliche Auswirkungen werden dabei genauso erfasst wie der Grad der Luftverschmutzung. Kurz: Es ist ein holistischer Ansatz, der nicht nur einen Missstand, in diesem Fall das Stauproblem, lösen will, sondern auch mittel- und langfristige soziale und ökonomische Konsequenzen berücksichtigt.

Ein anderes Beispiel für lokale Verwaltung, die datenbasiert vorgeht, liefert die Stadt New Orleans. Sie startete ein Präventionsprogramm gegen die außergewöhnlich hohe Zahl an Verletzungen und Todesfällen durch Feuer in sozial benachteiligten Stadtteilen. Die Feuerwehr installierte 18 000 kostenlose Feuermelder in Privathäusern, die nach Auswertung der Daten besonders risikobehaftet waren. Mit der präventiven Maßnahme konnten schwere Brände nahezu vollständig vermieden werden.[4] Durch diese Art von datenbasierter Verwaltung können Missstände auf Stadtbezirksebene, ja sogar bei den einzelnen Bürger*innen direkt adressiert werden. Lokale Institutionen können auf örtliche kulturelle Gegebenheiten, Innovationskraft und historisch gewachsene Strukturen eingehen. Mit den richtigen technologischen Mitteln ausgestattet, sind lokale Behörden den nationalen weit überlegen, die aus der Ferne nur Standardlösungen anbieten können.

Die Stadt Pittsburgh initiierte ein wirkungsvolles Programm gegen Missbrauch und Gewalt in Familien. Das Programm war zunächst umstritten, könnte es doch Rassismus, wirtschaftliche Ungleichheit und Armut eher verstärken als bekämpfen, wie es häufig bei technologischen Lösungen der Fall ist. Gemeinsam mit der Polizei und dem Jugendamt wurden Datensätze danach bewertet, ob verhaltensauffällige Kinder Opfer von Gewalt in der Familie werden könnten. Es stellte sich heraus, dass der Algorithmus deutlich erfolgreicher als Sozialarbeiter*innen darin ist, drogensüchtige oder gewaltbereite Eltern zu identifizieren. Die Algorithmen greifen dabei auf Daten zu Gefängnisaufenthalten, psychiatrischer Behandlung, Sozialhilfe, Drogen- und Alkoholkliniken zurück. Für Pittsburgh County wurden die Daten aus 76 964 Notrufen zwischen 2010 und 2014 ausgewertet: Das Ergebnis zeigte, dass Hochrisiko-Familien nur selten intensiv betreut wurden. Laut eines Artikels des »New York Times Magazine« kamen 44 Prozent der Kinder, die schwere Verletzungen erlitten oder starben, aus solchen Hochrisiko-Familien.[5] Mithilfe der Algorithmen hätten zahlreiche Gewaltfälle vermieden werden können.

Ausgehend von solchen Beispielen, formulieren Katz und Nowak eine pragmatische politische Philosophie, die gelebte Gemeinschaft sucht, konkrete Lösungen vor Ort und eine zivilgesellschaftliche Intensität, die aus einem steten Miteinander erwächst. Gerade weil in den Städten die Gegensätze stärker präsent sind, zwischen Arm und Reich, zwischen den verschiedenen Kulturen und Schichten, sind hier andere Strategien und Antworten für die Fragen unserer Zeit zu finden. »Die Probleme des 21. Jahrhunderts«, schreiben Katz und Nowak, »sollen unter den wirtschaftlichen und institutionellen Bedingungen des 20. Jahrhunderts gelöst werden, die veraltet sind. Kurzgefasst, wenn Städte die Probleme der Welt lösen sollen, dann müssen in den lokalen Gemeinschaften neue Führungsfiguren entstehen und neue Zwischenformen und Institutionen entwickelt werden, die so disruptiv sind wie diese Zeit.«[6]

Die beiden Autoren beschreiben, wie sich Kopenhagen innerhalb von etwa 25 Jahren von einer verfallenden Industriestadt in die ökologische, moderne, technologisch avancierte Vorzeigemetropole Europas entwickelt hat. Während sich weltweit Städte in riesige Einkaufszentren verwandeln und den öffentlichen Raum immer mehr einschränken und damit die zentralen politischen und gesellschaftlichen Freiheiten der Stadt beschneiden, wurde Kopenhagen ein Symbolort für ein demokratischeres urbanes Verständnis. Der Ansatz war dabei durchaus unternehmerisch, aber eben im Dienste der Gemeinschaft und nicht einzelner Interessen: Die Stadt schuf eine Institution, die im Besitz der Stadt blieb, aber wie ein privatwirtschaftliches Unternehmen geführt wurde, und die den öffentlichen Besitz an Boden und den Wohnungsbau als zentrales Element einer inklusiven und innovativen Stadtpolitik begriff.

Auch der Stadtplaner und Autor Alain Bertaud beschreibt in seinem Buch »Order Without Design. How Markets Shape Cities«[7], wie operative Stadtplanung auf Dynamiken lokaler Märkte mit Regulierung und Infrastruktur eingehen kann. Bertaud problematisiert die Fokussierung von Stadtplaner*innen und Sozialpolitiker*innen auf Wohnungsstandard und Größe im sozialen Wohnungsbau. Dabei spielten die Wohnungslage, kulturelle Gesichtspunkte, Arbeitsmärkte und Transportmöglichkeiten eine wichtige Rolle. In solchen Retorten-Siedlungen des sozialen Wohnungsbaus geraten die Menschen in eine Armutsfalle, denn die Wohnungen sind meist in einem heruntergekommenen Stadtteil außerhalb der Stadt, weit entfernt von einer möglichen Arbeitsstelle, so dass sich die neuen Siedlungen in einer Abwärtsspirale schnell zu Vierteln entwickeln, in denen sich Arbeitslosigkeit und Kriminalität konzentrieren.

Was den Planer*innen fehlt, sind häufig lokale Information, also exakte Daten. Daten helfen nicht nur bei der Vermeidung von Armut und Kriminalität – sie können auch nützlich sein, um rapide Gentrifizierung aufzuhalten, also die Verdrängung von ansässigen Bevölkerungsschichten durch wohlhabendere Bevölkerungsschichten. Ein adäquater Umgang mit Gentrifizierung erfordert präventive Maßnahmen – denn wenn Verdrängung bereits stattfindet und Miet- und Grundstückspreise in die Höhe schnellen, ist es zu spät für Intervention. Datenbasierte Frühwarnsysteme, also Software für Entscheider*innen, können diesen Prozessen gezielt entgegenwirken.

Ken Steif von der University of Pennsylvania und Alan Mallach vom Center for Community Progress untersuchen beispielsweise, wie Stadtteile, die von strukturellem Wandel betroffen sind, wiederbelebt werden können – aber auch, wie wirtschaftlicher Aufschwung möglich ist, ohne dass Bewohner*innen aus ihren Stadtteilen verdrängt werden. Gentrifizierung ist durch Daten vorhersagbar. So berechnen die Algorithmen der Wissenschaftler die Abstände von Wohngebieten mit hohen Preisen zu günstigeren Quartieren und verbinden die Preisinformationen mit Daten zu Einkommen, Wohnungsangebot sowie sozialem und ethnischem Hintergrund der Bewohner*innen. Dadurch lassen sich Gentrifizierungswellen für Städte wie Detroit oder Pittsburgh über die Jahrzehnte dokumentieren, aber auch für die Zukunft berechnen.[8] Letztlich sollten die Auswertungen lokalen Verwaltungen dabei helfen, Entscheidungen über den Bau von Sozialwohnungen und Luxusimmobilien zu treffen, die Gentrifizierung maßgeblich beeinflussen können.

Diese und andere Elemente einer datengestützten Stadt-politik – Sensoren in städtischen Mülleimern, Sensoren für die Luftqualität, den Verkehrsfluss, Parkplätze – werden oft unter dem Begriff der »smart city« zusammengefasst. Dieser Begriff ist besonders deshalb problematisch, weil das »smart« allzu oft privatwirtschaftlich definiert wird. Unternehmen wie Google nutzen die Lücken, die ihnen eine urbane Politik eröff-net, die das Selbstbewusstsein verloren hat, die eigenen Um-stände und Verhältnisse selbst zu gestalten. Es ist wichtig, die Stadt als Gemeinschaft von Bürger*innen zu definieren und die wesentlichen städtischen Gestaltungsmöglichkeiten nicht an Unternehmen zu delegieren. Dies ist beispielsweise in To-ronto passiert, wo Google massiv Geld in die Stadt investiert, um sie »smart« zu machen, was mittlerweile zu Protesten der Bürger*innen geführt hat.[9]

Katz und Nowak gehen mit ihren Überlegungen aber noch einen Schritt weiter. Sie sehen in der Art und Weise, wie in der Stadt Politik und Gesellschaft organisiert werden können, ein wirksames Mittel gegen die Entfremdung vieler Menschen von etablierter Politik, denen, so die These von Katz und No-wak, oft einfach das Gefühl dafür verloren gegangen ist, dass der Ort, die Stadt, das Dorf, in dem sie leben, ihnen gehört, für sie da ist, gestaltbar ist.

Die Polarisierung, von der in diesem Zusammenhang oft gesprochen wird, erscheint bei Katz und Nowak mehr wie das Resultat eines politischen Diskurses, der sich in nationalen Sphären symbolisch verselbständigt hat. Die ideologischen Debatten, die via Fernsehen oder Twitter ausgefochten wer-den, haben wenig mit der lokalen Alltagsrealität vieler Men-schen zu tun – damit, ob die Radwege sicher sind, ob die Müllabfuhr kommt und das Stadttheater renoviert wird oder nicht. Politik wird hier auf ihre konkrete Realität zurückgeführt, die Demokratie auf eine Größe gebracht, die für sie womöglich angemessener ist. Die repräsentative Demokratie dagegen ist allzu oft in argumentativen Sackgassen, prozessualer Lähmung, scheinbar unüberwindbaren Gegensätzen gefangen.

Im politischen Gedankengebäude des »New Localism« spielt Technologie eine wichtige Rolle – nicht nur, weil Städte Orte sind, an denen für die Wissensgesellschaft notwendige Institutionen wie Universitäten, Start-ups, Unternehmen, Krankenhäuser, Forschungseinrichtungen, Think-Tanks, Austauschforen vorhanden sind, sondern auch, weil Technologie dort besonders rasch und bürgernah umgesetzt werden kann, sei es die smarte Energie-Infrastruktur, seien es neue Formen der Schule und Bildung, seien es lokale Fertigung und Produktion. Städte durchbrechen die Silo-Logik der nationalen und auch bundesstaatlichen Ebene, auf der Lösungen nach einem weitgehend einheitlichen Maßstab erarbeitet werden, ohne lokale Besonderheiten, Möglichkeiten und Probleme zu berücksichtigen.

Städte, Gemeinden, Kommunen sind damit Orte einer »high-energy democracy«, wie sie Roberto Mangageira Unger beschreibt; sie sind durchzogen von multisektoralen und multidisziplinären Netzwerken, sie leben von Diskurs, Enge, Hitze, und trotz allen damit einhergehenden Problemen sind sie Stätten der zivilgesellschaftlichen Innovation. »Um die Zukunft voranzutreiben«, schreiben Katz und Nowak, »müssen Städte neue Wege finden, in Innovation, Infrastruktur, Inklusion zu investieren, indem sie lokales Kapital nutzen und sich mit globalen Einrichtungen und Institutionen verbinden.«[10]

Technologie ist zentral für die praktische Umsetzung, aber auch für ein neues Bewusstsein. »Think globally, act locally« wird zum Leitgedanken dieser Städte-Renaissance, von der Katz und Nowak sprechen. Eine andere Art von Lebenspraxis ist hier möglich, ebenso eine andere Art der privaten Versorgung, ohne lange Handelswege, Obst und Gemüse aus der direkten Umgebung. Es vermischen sich die kleinen Ansätze eines anderen Lebens und Wirtschaftens mit der Reflexion über die großen Verschiebungen, Ungleichheit, Klimakrise, Grenzen des Wachstums und der Globalisierung.

Die entscheidenden Veränderungen, um der ökologischen Zerstörung entgegenzuwirken, sind dabei strukturell, sie betreffen global die Art und Weise unseres Konsums und Wirtschaftens, von Verkehr und Energie, und sind ökonomisch nur im weltweiten Verbund zu erreichen. Sie erfordern ein anderes Verständnis von Wachstum, Nachhaltigkeit, massive Investitionen in erneuerbare Energien, andere Stromnetze, andere Handelspraktiken und vieles mehr. Das direkte Potential für Veränderung liegt jedoch auf lokaler Ebene, und zwar nicht nur durch eine Umstellung der Ernährungsgewohnheiten auf lokale und saisonale Produkte.

Städte sind Vorreiter im Kampf gegen die Klimakrise und verfolgen Ziele, die nationale Regierungen lange aufgegeben haben. Beispiele sind Kopenhagen oder Oslo, die bis 2025 beziehungsweise 2030 die Klimaneutralität erreichen wollen. Darüber hinaus haben sich im Städteverbund C40 94 Städte weltweit zusammengeschlossen, die mehr als 700 Millionen Menschen und ein Viertel des globalen Bruttosozialproduktes repräsentieren. Der Verbund tauscht Maßnahmen und technologische Lösungen aus, wie auf lokaler Ebene die

Pariser Klimaziele erreicht werden können.[11] Dabei geht es längst um mehr als um den Ausbau erneuerbarer Energien, die Elektrifizierung des Verkehrs oder die Gebäudeeffizienz.

Um die Klimaziele zu erreichen, müssen tiefer liegende Veränderungen stattfinden. Die Kreislaufwirtschaft ist ein Beispiel dafür, also die Nutzung von Müll oder Abwärme im städtischen Kontext. Ein weiteres Beispiel ist Urban Gardening, innerstädtische Landwirtschaft und Gemeinschaftsgärten. Es geht auch um mögliche Anpassungsmaßnahmen gegen Hitzewellen und darum, wie in Zukunft negative Emissionen erzeugt werden können, also bereits vorhandenes Kohlendioxid entfernt werden kann. Die Stadt ist das Labor für ein demokratisches Zukunftsprogramm, inklusiv und nachhaltig.

In Barcelona, das sich selbst als globales Modell für die lokale Demokratie, Bürgerbeteiligung, Digitalwirtschaft sieht, heißt das: das Ende der Privatisierungen und der Übertragung staatlicher Güter auf Unternehmen, die Rückübertragung von kritischer urbaner Infrastruktur, die Sicherung der Grundversorgung von Wohnen, Transport, Bildung, Gesundheit durch Verringerung der Kosten, ein Bürgereinkommen, das Armut und sozialen Ausschluss vermeiden soll, datengetriebene Wirtschaftsmodelle, die helfen, in einer partizipatorischen Demokratie komplexe Entscheidungen durch Modelle zu erleichtern, der Vorzug von kollaborativen Organisationen gegenüber zentralistisch-staatlichen oder Marktlösungen, die Einführung von Data-Commons.

Die verschiedenen Pläne in Barcelona verbinden Topdown-Ansätze – wie Sensoren in der städtischen Infrastruktur oder die Zusammenarbeit mit IBM, die ein zentralisiertes, intelligentes Verwaltungszentrum eingerichtet haben, das sämtliche Services der Stadt koordiniert – mit kombinierten Ansätzen von top-down und bottom-up und reinen Bottom-up-Lösungen – wie die App, mit der die Bürger*innen Straßenlöcher melden können, oder die Plattform Betri Reykjavík, mit der die Crowd ein Meinungsbild schaffen kann über die beliebtesten Ideen, die im Stadtparlament diskutiert werden sollen. Die digitale Transformation der Stadt folgte einem »Open Digitalisation Plan«, der die angestrebten Modernisierungserfordernisse detailliert beschrieb. Eigene ethische Digital-Standards setzten den Rahmen für die Veränderungen, Open-Source-Software machte die Prozesse zugänglich, etwa über GitHub, ein Onlinedienst, der Software-Entwicklungsprojekte auf seinen Servern bereitstellt, was zu finanziellen Einsparungen führte, da keine Lizenzgebühren gezahlt werden mussten. Das Ergebnis war nicht nur ein diverser und offener Markt, die lokalen Unternehmen wurden auch unabhängiger von den internationalen Tech-Monopolisten. Mehr als 60 Prozent der 3000 Unternehmen, mit denen die Stadtverwaltung von Barcelona zusammenarbeitet, sind kleine oder mittelständische Betriebe.[12]

Die Logik des Digitalen, das zeigt das Beispiel Barcelona, ist zweifach: kleinteilig und ganzheitlich – die Logik des Politischen muss es ebenso sein. In Barcelona wird etwa der städtische Haushalt in einem offenen Prozess erstellt. Durch ein spezielles Tool wird das Budget nachvollziehbar, kontrollierbar, es lässt sich leicht nach einzelnen Posten durchsuchen, Rechnungen können eingesehen werden, nach regionaler und zeitlicher Eingrenzung, es gibt Prognosen, wie viel Geld in den kommenden Jahren für welche Bereiche und Projekte ausgegeben wird, und interaktive Infographiken zeigen, wo und wie das Geld eingenommen wird, das die Stadt ausgibt. Der nächste, der radikalere Schritt wäre eine Form von partizipativem Budget, ein Bürgerhaushalt, bei dem der oder die Einzelne mit entscheiden kann, wie das Steuer- und Einnahmengeld verwendet werden soll.

Dieser Ansatz wurde bereits 1989 in der brasilianischen Stadt Porto Alegre erprobt – mit exemplarischem Erfolg, denn in mehr als 100 Städten Brasiliens und Tausenden weltweit wurde das Modell kopiert. Als Ergebnis wurden in Porto Alegre nicht nur die Wasser- und Abwasseranschlüsse innerhalb von zehn Jahren von 75 Prozent auf 98 Prozent ausgebaut, sondern die Bedürfnisse der ärmeren Bevölkerungsteile insgesamt verstärkt in den Blick der Politik genommen.[13] In Barcelona wiederum wurden Partizipation und Teilhabe durch die Plattform Decidim institutionalisiert und gestärkt. Mehr als 40 000 Bürger*innen nutzten bis zum Jahr 2019 diese Möglichkeit, aktiv in den politischen Prozess einzugreifen und die Politik mitzugestalten. Decidim ist ein datensicheres Entscheidungsfindungstool, mit dem auch kleinere und mittlere Institutionen, Unternehmen, NGOs wichtige Prozesse demokratisch, partizipatorisch und geschützt organisieren können.[14] All das spiegelt ein mögliches städtisches Selbstvertrauen wider, das von den Bürger*innen selbst kommt. Das Verblüffende an Initiativen wie der sicheren Mailbox, wo Korruption gemeldet werden kann, bis zur Idee der Superblocks, die ganze Straßenzüge in urbane und zivile Ruhezentren verwandeln, ist, dass sie so selbstverständlich wirken und dennoch so selten sind.

Was sich hier neu darstellt, ist ein Dreieck von Technologie, Wirtschaft, Demokratie, von Elementen, die sich wechselseitig durchdringen und inspirieren, geleitet von Prinzipien des Lokalen: Experiment, Innovation, Kollaboration, Pragmatismus, Partizipation, Präzision, bottom-up, nachhaltig, kleinteilig, diskursiv. Entscheidungen über die Gestaltung und Nutzung von Technologie werden von der wirtschaftlichen und demokratischen Gestalt beeinflusst und wirken gleichsam auf sie ein. Sind die Märkte also extraktiv oder zirkulär angelegt, sind die Besitzverhältnisse monopolistisch oder genossenschaftlich organisiert, ist Handel Mittel oder Zweck? Und ist die Demokratie ausführend oder einschließend, ist die Kommunikation top-down oder inklusiv und auf Augenhöhe, sind die Bürger*innen Teilnehmer*innen oder Zuschauer*innen? Es ist eine neue Gestalt des Politischen. Essentielle Bestandteile dieser Gestalt sind Wissen als Teilhabe, Bildung als demokratische Grundvoraussetzung, Information als treibendes und verbindendes Element, Daten, die alle drei Felder dynamischer und vernetzter machen können, wenn sie richtig und sicher verwaltet werden.

Die neue Bedeutung von Städten zeigt sich bereits in Bewegungen wie der der »sanctuary cities« in den USA, Städten, die ein Schutzraum geworden sind, die sich gegen die Politik von Präsident Donald Trump stellen und sich für illegalisierte Einwanderer öffnen. Städte könnten, das ist eine weiterführende Vision, nachhaltigere Maßnahmen zum Schutz des Klimas beschließen und zu eigenständigen politischen Institutionen in einem globalen Rahmen werden. Das würde über den bereits existierenden »Konvent der Bürgermeister« hinausgehen. Dabei handelt es sich um eine interessante und zukunftsorientierte Initiative von Städten, die sich weltweit zusammenschließen und vor allem Maßnahmen in den

Bereichen Energie und Klima koordinieren und beschließen. Langfristig könnte die zentrale Rolle von Städten durch ein städtisches Stimmrecht in internationalen Gremien verankert werden oder durch eine Vertretung in den Vereinten Nationen bis hin zu einem Sitz im Sicherheitsrat.

Die »New Urban Agenda«, wie sie die Konferenz der Vereinten Nationen in Quito 2016 beschloss, war ein erster Schritt in diese Richtung.[15] Darin wurde die Verbindung zwischen Stadt und Klimaschutz, Gerechtigkeit und einer anderen Form von demokratischer Partizipation festgelegt und in die Ziele der »2030 Agenda for Sustainable Development« eingebettet, auch vor dem Hintergrund der Prognose, dass sich die Weltbevölkerung bis zum Jahr 2050 verdoppeln könnte. Das erhöht einerseits den Druck auf die Städte, die einen großen Teil dieses Wachstums aufnehmen werden, und ermöglicht gleichzeitig, innerhalb der Städte progressive Politik umzusetzen und die wichtigen Fragen des 21. Jahrhunderts anzugehen. Die Grundlagen des menschlichen Lebens, das macht die Erklärung von Quito deutlich, sind allesamt lokal: Wohnung, Arbeit, Gesundheit, Bildung, Erholung, Ernährung, menschliche Kontakte, soziale Organisationen.

Das gilt für urbane wie für ländliche Räume. Die Robert-Bosch-Stiftung etwa fördert seit Jahren durch die Initiative »Neulandgewinner« Projekte vor allem in Ostdeutschland[16], die mit neuen Lebens- und Arbeitsmodellen experimentieren. Wie können Mobilität und Energie neu gedacht werden, wie kann Kunst und Kultur verlassene Stadtrandgebiete oder ländliche Gegenden wiederbeleben? Da entstehen in einem von Leerstand und Arbeitslosigkeit gebeutelten Quartier in Dessau Grünflächen inmitten von Plattenbauten, die weder von der Stadt noch von Wohnungsunternehmen, noch von Landwirt*innen oder Schäfer*innen gebraucht werden. Benachteiligte Jugendliche, dauerhaft arbeitslose Menschen, Geflüchtete finden dort nicht nur Ausbildung und Beschäftigung, es entsteht auch eine neue Gemeinschaft, ganz im Sinn der Allmende. Mit geringen Fördergeldern wird ein verwahrlostes Quartier in einen sinnvollen, lebenswerten Raum transformiert.

Noch gibt es eine Kluft zwischen dem städtischen innovativen Denken über die emanzipatorischen Möglichkeiten des Lokalen und der ländlichen Realität. Das Land, so viel scheint klar, benötigt neue Konzepte und Ideen. Aus der Summe der Entwicklungen ist dort eine politische Sprengkraft entstanden. Die französischen Gelbwesten sind nur das sichtbarste Beispiel für diese Entwicklung, die Wahlergebnisse in Deutschland und anderen westlichen Ländern zeigen ebenfalls eine Spaltung von Land und Stadt – auch weil die Landbevölkerung technologisch abgehängt ist. Dabei wird der ländliche Raum gleichzeitig wieder attraktiv für bestimmte Stadtbevölkerungsgruppen, Autor*innen, Filmemacher*innen, Künstler*innen, Aktivist*innen, die hier Orte finden, mit anderen Lebensformen oder Produktionsweisen zu experimentieren.

Ein Beispiel ist Coconat[17], ein Gutshof in Klein Glien, einem Dorf mit 49 Einwohner*innen in Brandenburg, 90 Kilometer von Berlin entfernt. Dort ist ein Co-Working-Space entstanden, ein Ort mit einer konzentrierten Arbeitsatmosphäre in der Natur, gutem Essen und schnellem Internet. Es kommen Kreativarbeiter*innen, digitale Nomaden und Forscher*innen aus aller Welt. Der Gutshof soll aber keine urbane Insel auf dem abgehängten Land sein, er wird auch als Wahlstube genutzt, die Freiwillige Feuerwehr kommt vorbei, ein Biergarten ist in Planung.

Auf ganz andere Art und Weise greift das deutsch-britische Start-up SYSTEMIQ die Frage auf, wie sich Technologie dazu eignet, neue Lebensgrundlagen für Wanderarbeiter*innen ohne Status und Rechte zu schaffen, die zu sesshaften Landwirt*innen und damit zu Bürger*innen werden: In Indonesien etwa wird nachhaltige Landwirtschaft gefördert, ein Land, in dem in den vergangenen 25 Jahren ein Viertel des Regenwaldes abgeholzt und wertvolle Humusschichten in der Landwirtschaft durch Überdüngung vernichtet wurden. Zunächst erhalten Wanderarbeiter*innen Land zugewiesen – über die Blockchain werden die Landrechte abgesichert. Das Team gibt den Landwirt*innen mithilfe von Software und Auswertungen von Satellitendaten die Möglichkeit, ihre Felder exakt zu bewässern und zu düngen. Die Ernten steigen massiv, der Einsatz von Wasser und Düngemittel sinkt um ein Vielfaches. Zudem erhalten die Landwirt*innen auf ihren Mobiltelefonen Software, mit der sie ihre Erzeugnisse direkt an Abnehmer*innen in der Stadt verkaufen können, ohne dass die Supermärkte den Großteil der Marge vereinnahmen.[18]

In der Konsequenz bedeutet solch ein Programm, dass Menschen durch neue Technologien ermächtigt werden, ihren Status zu verändern, sesshafte Bürger*innen zu werden, die nachhaltig wirtschaften und leben, die nicht mehr von Zwischenhändler*innen abhängig sind, die sich und ihren Mikrobetrieb selber verwalten können. Grundlage ist eine minimale Anschubfinanzierung und ein kleines Stück Land, was schließlich in höheren Steuereinnahmen, in höherer Produktivität, niedrigeren Emissionen und Wasserverbrauch mündet. Das

Lokale wird damit zum Ort des Neuen und der Innovation politischer wie ökonomischer Modelle.

Städte sind Labore, sind Räume des Experiments wie der Offenheit – Politik im lokalen Raum ist pragmatischer und weniger ideologisch. Demokratische Innovation wird durch deliberative und partizipatorische Prozesse angeschoben, konkrete Maßnahmen im Energieverbrauch und eine nachhaltige Lebensweise zeigen die Bedeutung der Städte in der Klimakrise. Die Nation ist längst nicht mehr das richtige Gefäß für verantwortungsvolle Politik. Das 21. Jahrhundert erfordert eine planetare Verantwortung und eine lokale Praxis.

7. MACHT UND EMPATHIE

- Technologie schafft eine neue Form der Macht und damit der Politik.
- Die hierarchische Logik wird ersetzt durch Partizipation und Horizontalität.
- Die neue Macht entsteht aus Einfühlung, Schwäche und Verletzlichkeit.

Die Grundlage von Veränderung ist eine neue Verteilung von Macht. Der Kampf um Macht, die Definition von Macht und die Ausübung von Macht bilden den Schlüssel für gesellschaftlichen, politischen, wirtschaftlichen Wandel. Macht an sich ist, wie Technologie, weder gut noch schlecht; noch ist Macht neutral. Um zu definieren, wie die digitale Gesellschaft ihre Macht einsetzen will, muss sie zunächst verstehen, welche Art von Macht sie hat. Sie muss entscheiden, welche Werte und welche Prinzipien gelten sollen, damit die Macht dem Nutzen möglichst vieler Menschen dient.

Im digitalen Zeitalter entsteht Macht anders, verteilt sich anders und wird anders ausgeübt. Einerseits liegt Macht verborgen im Kern dessen, was Technologie ausmacht; sie siedelt im Code und ist der demokratischen Kontrolle entzogen. Sie ist oft Eigentum von Tech-Konzernen, die mit Algorithmen den Rhythmus unseres Lebens steuern, unseres Konsums, unserer Weltwahrnehmung. Gleichzeitig ist Macht ein Element der Crowd, die sich vernetzt, dezentral operiert und Hierarchien stürzt, die im analogen Zeitalter Macht innehatten.

Einem hierarchischen oder zentralistischen Verständnis nach sind es, so beschreibt es Jamie Susskind, vor allem drei Formen der Macht, die eine Gesellschaft lenken: Gewalt über Menschen, Kontrolle und Überwachung von Menschen und die öffentliche Wahrnehmung. Diese drei Formen der Macht gehen heute von Digitalkonzernen aus.

Die Kontrolle der Meinungsfreiheit wird sozialen Netzwerken und Kommunikationsplattformen überantwortet, deren Regeln wiederum die Unternehmen in einem nichtdemokratischen Prozess festlegen. Bei der Gedankenfreiheit setzen wir auf die Glaubwürdigkeit von Nachrichtenkanälen und Suchmaschinen, deren Algorithmen nicht transparent sind. Und in moralischen Fragen sind wir auf die Programmierer*innen digitaler Systeme angewiesen, die bestimmen, welche Grenzen im digitalen Raum gesetzt werden. Die digitale Filterfunktion bringt den Plattformen enorme Macht – wer den Strom der Information kontrolliert, kann beeinflussen, was als richtig und falsch gilt, was Fake ist und was die Wahrheit. Verborgene Algorithmen regeln das, was die Leser*innen sehen.

Die Unternehmen, die Technologien und Strukturen, die unsere Wahrnehmung bestimmen, bestimmen zunehmend auch, wie wir handeln. Das kodifizierte Recht ist bislang der deutlichste Ausdruck technologischer Macht. Jamie Susskind beschreibt diese Macht folgendermaßen: Wir müssten zunächst verstehen, wer in Zukunft im digitalen Raum über wen Macht hat, welche Formen der Macht durch Technologie entstehen und welche Ziele mit der Macht verfolgt werden. Menschen setzen Gesetze anders durch als Technologie. In der analogen Welt hat es rechtliche Konsequenzen, wenn man das Gesetz bricht. In der digitalen Welt ist es manchmal gar nicht mehr möglich, das Gesetz zu brechen, weil der Code in diesem Fall stärker ist als das Recht. Ein Beispiel: Wenn gestohlene Filme oder Musiktitel auf bestimmten Geräten nicht mehr abspielbar sind, weil diese Geräte so programmiert sind, dann ist ein Gesetzesbruch faktisch nicht möglich.[1]

Code schreibt Werte fest, aber Code ist bislang dem demokratischen Prozess entzogen. Somit sind es Privatunternehmen und Programmierer*innen, die über gesellschaftliche Werte und Entwicklungen entscheiden. Die digitalen Vorbedingungen des gesellschaftlichen, politischen und wirtschaftlichen Lebens müssten folglich transparent gemacht werden, um den demokratischen Prozess in Gang zu setzen. Mit anderen Worten: Code ist eine öffentliche Infrastruktur und sollte auch als solche behandelt werden.

Das Wissen und die Entscheidungskompetenz der breiten Masse bei diesem Prozess zu nutzen, wäre nicht nur demokratisch, sondern auch hochgradig effektiv. Die »Crowd«, also die anonyme Gemeinschaft, deren Mitglieder über digitale Hilfsmittel miteinander verbunden sind, unterscheidet sich vom »Core« oder »Kern«[2]. Ein typisches Beispiel für Letzteren wäre eine Bibliothek. Diese wurde früher von Priestern und Mönchen finanziert, heute wird sie von öffentlichen Institutionen und Spenden unterstützt, um das Wissen der Welt zu sammeln, zu kuratieren und den Leser*innen zur Verfügung zu stellen. Das im »Kern« erzeugte und gehütete Wissen hat dabei eine solche Masse und Komplexität, dass es nicht von einzelnen Menschen überblickt und verwaltet werden kann.

Dagegen laden von der »Crowd« zusammengetragene Wissensdatenbanken wie Wikipedia zur kollektiven Erstellung, Bearbeitung und Verwaltung von Wissensbeständen ein. Deshalb sind Wikipedia und das von weltweit Millionen von Programmierer*innen kollektiv verwaltete Betriebssystem Linux so erfolgreich. Ein anderes Beispiel: Auf der Plattform InnoCentive sind 390 000 Wissenschaftler*innen aus 200 Ländern registriert, die für Unternehmen, Regierungen und NGOs akademische Fragestellungen bearbeiten. Dafür erhalten sie je nach Aufwand und Komplexität 10 000 bis 40 000 Dollar. 85 Prozent der Aufgaben werden gelöst – und zwar meist solche, die die Spezialist*innen innerhalb der jeweiligen Organisationen nicht lösen konnten. Laut einer Studie der Harvard Business School besteht eine positive Korrelation zwischen erfolgreicher Lösung des Problems und der fachlichen Entfernung der Person, die das Problem löst. Das heißt: Häufig werden Probleme von völlig fachfremden Bearbeiter*innen gelöst.[3]

Der Gegensatz von »Core« und »Crowd« spiegelt auch ein gegenwärtiges demokratisches Dilemma wider. Die Beziehungen zwischen Machtzentrum und Bürger*innen sind eingeschränkt, die Interaktion formalisiert, starr, passiv. Das Verständnis von Politik ist auf die Worte und Taten der handelnden Akteure reduziert. Zum Problem wird das, wenn eine politische Entscheidung den Diskurs darüber ersetzt und der demokratische Prozess ausgehebelt wird. Demokratie aber braucht den Diskurs, und jede Veränderung des Diskurses bedeutet eine Veränderung der Demokratie. Diskurs wiederum setzt den Zugang zu Information und Wissen voraus. Wenn jedoch, wie es der britische Politikwissenschaftler Peter Pomerantsev beschreibt, der Informationsraum zu einer unkontrollierbaren Black Box wird, wird die liberale Demokratie geschwächt. Macht verschiebt sich aus der Sichtbarkeit und der Verhandelbarkeit ins Dunkel des Dezisionismus.[4]

Eine Alternative zur Zentralisierung von Macht und Wissen im Kern wäre eine offene und geteilte Organisation von Wissen und Macht. Eine neue Politik kann nur durch Transparenz der Macht und durch die Verbundenheit und Fairness entstehen, wie sie idealerweise aus dem Netzwerk erwächst, das Organische in der Technologie spiegelnd, das Wuchernde, Non-Lineare, Vernetzte, das Erbe der Kybernetik – digital abgesichertes Vertrauen, wie es der Blockchain-Idee zugrunde liegt. Dieses Prinzip von Macht stellt die Hierarchien und Funktionsweisen in Frage, die die Entscheidungen, Strukturen, Unternehmens- und Verwaltungslogik im 19. und 20. Jahrhundert geprägt haben.

Die beiden Autoren Jeremy Heimans und Henry Timms haben diese Veränderung in ihrem Buch »Die neuen Mächte« treffend beschrieben: »Die alte Macht funktioniert wie eine Währung. Nur Wenige besitzen sie. Wenn man sie einmal hat, wird sie eifersüchtig bewacht, und die Mächtigen haben so viel davon, dass sie sie effektiv einsetzen können. Sie ist geschlossen, unzugänglich und führungsgelenkt. Download und Besitz sind ihre Prinzipien. Die neue Macht funktioniert anders, wie eine Strömung. Sie wird von den Vielen hergestellt. Sie ist offen, partizipatorisch, gemeinschaftsgetrieben. Upload und Verteilung sind ihre Prinzipien. Wie Wasser oder Elektrizität ist sie am stärksten, wenn sie aufbrandet.«[5]

Heimans und Timms sehen diese neue Macht als Bewegung, als Fluss, als Mobilisierung im politischen Kontext und darüber hinaus. Denn es sei die ganze Gesellschaft, so der Ausblick der beiden Autoren, die von dem veränderten Machtgefüge betroffen sein werde. Je mehr wiederum die Menschen mit den neuen Machtpraktiken in Kontakt kommen, desto mehr verschieben sich die Normen. In den Augen der unter 30-Jährigen – heute schon mehr als die Hälfte der Weltbevölkerung – gebe es ein Grundrecht auf Teilhabe und Partizipation, so Heimans und Timms.

Auf diese Weise entstehen neue Konfliktlinien, nicht nur zwischen Alt und Jung, sondern auch zwischen formeller und informeller Regierungspraxis oder Governance, zwischen Wettbewerb und Kollaboration, zwischen Vertraulichkeit und radikaler Transparenz. Der Unterschied zwischen öffentlich und privat wird nach und nach verschwinden und ist für viele junge Menschen heute schon nicht mehr nachvollziehbar. Dadurch verändert sich aber auch ein grundlegender Baustein der Demokratie, die auf diesem Unterschied von öffentlich und privat aufbaut. Der britische »Guardian«-Kolumnist George Monbiot hat die repräsentative Demokratie deshalb auch als ein stumpfes Werkzeug beschrieben – Hunderte Entscheidungen werden in einer Wahl gebündelt, und am Ende sind es die umkämpften ein oder zwei Themen, die Mehrheiten bringen und entscheiden, welche Partei gewinnt.[6]

Die amerikanischen Politologen Michael Neblo, Kevin Esterling und David Lazer haben dieses Phänomen in ihrem Buch »Politics with the People. Building a Directly Representative Democracy«[7] noch grundsätzlicher analysiert. Für sie steht fest: »Wir brauchen eine neue Definition dessen, was wirkliche Politik ist, einen neuen Blick auf das Feld der Demokratie selbst.« Sie plädieren für das Modell der Town Hall, der Bürgerversammlung, ein Online-Gesprächs- oder Deliberationskontinuum, das die Spaltung von Bürger*innen und Repräsentant*innen aufheben könnte. Für die Autoren erscheint der Gegensatz zwischen direkter und repräsentativer Demokratie konstruiert und verzerrt – und schöpfe überdies nicht das Spektrum der politischen Möglichkeiten aus. Sie schlagen vor, bestehende demokratische Institutionen zu erweitern und sie dadurch sowohl direkter als auch repräsentativer zu gestalten. Das Ergebnis wäre eine größere Nähe zwischen Bürger*innen und Repräsentant*innen. Wichtig ist Kommunikation und Vertrauen, respektvolle, inklusive und vor allem wechselseitige Kommunikation. So kann die nötige und oft verlorene Legitimität demokratischer Institutionen wiederhergestellt werden. Voraussetzungen dafür seien »andauernde republikanische Konsultation« und »andauernde deliberative Rechenschaft«. Es geht darum, bessere Bürger und bessere Institutionen zu schaffen.[8]

Zentral ist dabei das Wort »andauernd«, was sich vor allem technologisch erreichen lässt. Erst diese Zeitdimension ermöglicht eine qualitative Veränderung des Vertrauensverhältnisses, weg vom undurchsichtigen, interessengeleiteten Nullsummenspiel und hin zu verlässlicher, transparenter Politik im Interesse der Bürger*innen. Gegenwärtig erscheint die Demokratie oft wie eine Ansammlung von Spezialinteressen, es fehlt die kontinuierliche Diskussion um das »Public Good«, also das Allgemeinwohl, es fehlt der Ort dafür. Die entscheidenden gesellschaftlichen Fragen aber müssen ständig neu verhandelt werden: Wie wollen wir leben? Was sind die Grundlagen unseres Zusammenlebens? Wer entscheidet darüber? Diese Fragen finden in der gegenwärtigen politischen Debatte, die extrem reduktionistisch und spezialistisch funktioniert, kaum einen Raum.

Das Internet, so die Überzeugung von Neblo, Esterling und Lazer, ermöglicht bei allen Nachteilen und der Gefahr der Manipulation eine neue Beziehung zwischen Bürger*innen und ihren Repräsentant*innen und damit eine neue Chance für »direkt repräsentative Institutionen«. Es kommt darauf an, wie das Internet genutzt wird und wie die Institutionen beschaffen sind, die daraus erwachsen.[9] Deswegen sind permanente, technologisch unterlegte Elemente der direkten Demokratie so wichtig.

Die digitale Alternative zur gegenwärtigen demokratischen politischen Praxis wäre eine Form der direkten Demokratie, in der Räte oder auch Bürgerkonvente Entscheidungskompetenzen von repräsentativ gewählten Parlamenten übernehmen. Die Konvente würden per Losverfahren zusammengestellt werden und sollten möglichst alle Teile der Gesellschaft vertreten. Die direkte Einbindung der Bürger*innen müsste auf vier Ebenen stattfinden: erstens auf der Ebene des Kommentars, also einer Meinungsäußerung zu geplanten Initiativen. Auf der zweiten Ebene könnten Bürger*innen partizipativ an Gesetzesvorhaben mitschreiben, wie beispielsweise bei der Budgetfindung in Brasilien. Auf der dritten Ebene stünde eine noch tiefere Einbindung der Bürger*innen durch ein Co-Design von Gesetzesvorhaben. Die australische OpenGovernment-Expertin Pia Andrews beschreibt Co-Design als ein umfangreiches Verfahren, das Ziele, Methoden und Werte aufeinander abstimmt.[10] Ein Beispiel dafür ist die Gesetzgebung zu besonders umkämpften Entscheidungen wie den Rechten Homosexueller oder der Abtreibungsgesetzgebung in Irland. Die vierte und weitreichendste Ebene wäre die der Co-Governance. Im deutschsprachigen Teil Belgiens entsteht eine Art zweite Kammer aus Bürgerräten, eine Bürgerversammlung aus 25 bis 50 Bürger*innen, die über Los ausgewählt werden. Mithilfe von Expert*innen werden Empfehlungen für das Parlament erarbeitet, die im weiteren Prozess berücksichtigt werden.[11] Dadurch kommt es zugleich zu einer Entschleunigung der Politik und einer Vertiefung der Debatte weg vom ewigen Kampf um Mehrheiten, von innerparteilichen Eitelkeiten und der Abhängigkeit von sozialen Medien.

Die Antwort auf die Frage nach der Macht in einer weitgehend digital organisierten Welt kann die Demokratie stärken und zu ihren Wurzeln zurückführen. Um das zu erreichen, müssen wir erkennen, welche technologischen Entscheidungswerkzeuge uns heute zur Verfügung stehen; wir müssen lernen, smarter zu verwalten, und es ermöglichen, dass Bürger*innen Parlamente durch Ratsversammlungen fordern und hinterfragen können. Die Machtverteilung der Zukunft wird sich auch dadurch bestimmen, welche Entscheidungen überhaupt noch durch den Menschen getroffen und welche Bereiche wir ganz den Algorithmen überlassen werden, eine intelligente Steuerung der Technokratie also. Dafür eignet sich etwa die »liquid democracy«, die die Möglichkeit vorsieht, wahlweise die Macht und demokratische Stimme jeweils derjenigen Person zu geben, die die meiste Kompetenz für die je spezielle Entscheidung hat – eine Art demokratisierte Technokratie, weg von einer interessenbasierten Politik und hin zu einer wissenschaftlich fundierten Tatsachenpolitik.

Die neue Macht, wie sie aus den neuen technologischen Bedingungen erwächst, wird sich lösen von der eingeübten Logik und Manövrierbarkeit politischer Interessengruppen. Sie wird sich auch lösen von einem in der Abfolge von Wahlen begründeten »short-termism«, einem Kurzzeitdenken. An dessen Stelle wird demokratisch unterlegte langfristige Planung treten, mit der das gemeinsame Ziel, auch in Zukunft ein gutes Leben in der Gemeinschaft zu führen, erreicht werden kann.

Diese Frage »Was ist das gute Leben?«, verbunden mit der Frage »Was ist der Mensch?«, ist der Anfang jedes Nachdenkens über eine mögliche politische Ordnung und eine humane Form der Demokratie, die im 21. Jahrhundert auch die nichthumanen Teile des Planeten mitbedenken muss. Sie verbindet sich mit der anderen Frage: »Wie wollen wir leben?«, die die Gestaltungsmacht des Menschen betont. Eine solche Vorstellung der menschlichen Gestaltungsmacht ist der Ausgangspunkt aller emanzipatorischen Politik. Sie muss allerdings, um wirklich verantwortungsvoll zu sein, die eigenen Grenzen mitreflektieren.

Insofern kann das politische Denken nicht nur lokal und global sein, sondern in einem weiteren Schritt planetar, auf die Erde als Ganzes bezogen, nicht als Verbindung von Menschen, sondern als Verbindung von allem. Denn der Mensch, der sich selbst zur Krönung der Schöpfung erklärte, zum Zentrum des Universums, zum Ebenbild Gottes, ist nicht allein. Die Folgen dieses egoistischen Denkens sind heute deutlich sichtbar: die Zerstörung des Planeten, die aus der menschlichen Macht und Herrschaft über die Erde entsteht, eine Geschichte der Ausbeutung.

Was der gegenwärtigen politischen Ordnung fehlt, ist vor allem Demut – dem Planeten gegenüber, den Ozeanen, den Wäldern, den Tieren, der gesamten Natur gegenüber. Ohne diese Demut wird Macht missbräuchlich. Diese Demut ist der Beginn eines anderen Nachdenkens über sich selbst und über die eigene Verbindung zur Welt. Diese Verbindung ist entscheidend, denn sie ermöglicht eine Beziehung, die sich nicht auf den Austausch reduziert, sondern einen Schritt weitergeht, ins Verstehen, das nicht primär rational definiert ist.

»Cosmotechnics«, so nennt der Philosoph Yuk Hui die neue Verbindung von Technologie und Natur im Anthropozän, die den Menschen einschließt, als Teil der Natur, nicht getrennt von ihr. Das Anthropozän sei ein »Wendepunkt der Vorstellung einer anderen Zukunft oder eines anderen Anfangs«[12], so Yuk Hui. Die Epoche der menschlichen Macht über den Planeten und speziell die Phase der Industrialisierung oder industrialisierten Zerstörung des Planeten sei an ihr Ende gekommen. Es sei zugleich das Ende eines bestimmten Storytelling, das Fortschritt linear und auf den Menschen zugeschnitten sah. In jenem Storytelling war Politik, also die Gestaltung von Zukunft, auf den Menschen selbst reduziert.

Vor dem Hintergrund der eigenen Hoffnungen, Kämpfe, Utopien sahen die Menschen die Welt als Staffage, Pflanzen, Tiere, Berge als Zuschauer oder Kulisse der eigenen Dramen und Aspirationen. Diese Vorstellung ist kollabiert. Das Anthropozän wird damit zum Schreckensbild der menschlichen Herrschaft über den Planeten; das Anthropozän beschreibt aber auch eine bestimmte Konzeption von Macht über andere Menschen. Der Mensch, der sich ins Zentrum gesetzt hat, eine hierarchische Position eingenommen hat, sich über andere erhoben hat, dieser Mensch verliert seine Stellung, wenn die Hierarchie kollabiert.

Die Philosophin Donna Haraway reflektiert das in ihrem Buch »Staying With the Trouble«[13], in dem sie die Ko-Existenz des Menschen mit dem Planeten beschreibt – als eine Form von Verwandtschaft, »making kin« ist ihr Ausdruck, also als einen aktiven Prozess des Verwandtschaft-Machens, des Verwandtschaft-Annehmens, des Mitfühlens und Einfühlens. Es geht dabei aber nicht nur darum, sich in die anderen Lebewesen und die Natur einzufühlen. Es geht darum, diese Emotionen erst einmal in sich selbst zu finden und zu nutzen, die kosmische Verwandtschaft nicht als etwas Äußerliches zu verstehen, sondern zu beobachten, wie diese Offenheit einen selbst verändert, einen für den Schmerz und die Schönheit des anderen öffnet, die auch der eigene Schmerz und die eigene Schönheit sind.

Worum es hier geht, ist Empathie. Am Anfang steht dabei die Einsicht in die eigene Verletzlichkeit. Die Schwäche ist der Beginn eines Nachdenkens über eine andere Form von Stärke, Verbundenheit, Solidarität. Wir haben in diesem Buch mehrmals beschrieben, dass es neue Begriffe braucht, um eine andere Politik zu erreichen, und Empathie, also Einfühlung, ist einer der wichtigsten davon. Freiheit, Gleichheit, Brüderlichkeit waren die Begriffe einer anderen Zeit, einer anderen Vorstellung von Politik, die in ihrer Substanz nicht überholt sind, aber auch nicht mehr den Rahmen dessen abbilden, was Politik im Zeitalter des Anthropozän und der digitalen Revolution sein kann. Es sind Begriffe, die gleichzeitig zu groß und zu klein sind, zu abstrakt und zu vage. Sie haben, als Forderung, als Ideal, zu bestimmten Formen der Politik geführt, die schließlich in der parlamentarischen Demokratie ihre institutionelle Ausprägung gefunden haben. Aber mit den Zeiten – und vor allem den technologischen Bedingungen – ändern sich diese Formen. Wenn sich das Selbstbild des Menschen weitet, als politisches Wesen in einer vernetzten Welt, ändert sich auch die politische Sehnsucht, die Suche nach einer Ordnung, die offener ist für Verantwortung, die einen selbst übersteigt.

Diese Sehnsucht verbindet sich mit anderen Begriffen, die eine andere Welt abbilden. Die Welt ist Sprache, für den Menschen jedenfalls, und auch die Politik ist Sprache, weil Worte den Raum öffnen, die der Mensch dann füllt, mit Träumen und mit Taten. Der Autor George Monbiot spricht davon, dass wir verzweifeln, wenn uns die Träume fehlen und die Vorstellungskraft versagt. »Wenn wir keine Geschichten haben, um die Gegenwart zu beschreiben und die Zukunft zu gestalten, verlieren wir die Hoffnung«, so fasst er das in seinem Buch »Out of the Wreckage. A New Politics for an Age of Crisis« zusammen. »Politisches Scheitern ist, in der Essenz, ein Scheitern der Vorstellungskraft.«[14]

Für die politische Praxis bedeutet das, dass die Enge eines Menschenbildes überwunden werden muss, bei dem der Mensch auf das reduziert wird, was gemeinhin als Vernunft beschrieben wird. Die Vernunft ist elementar, aber sie muss ergänzt werden durch das, was den Menschen tatsächlich ausmacht, durch seine emotionale Seite. Durch Werte also, die mit Worten verbunden sind: Respekt, auch Selbstrespekt, Selbsterkenntnis, eine Wachheit der Welt gegenüber, eine Durchlässigkeit, die eine Form von Intimität ermöglicht, Gerechtigkeit, die Bereitschaft, anderen Menschen zu helfen.

All das sind politische Begriffe, wenn Politik verstanden wird als etwas anderes als das Streben nach und die Verwaltung von Macht. Dieses Konzept von Macht wird mit Stärke verbunden, mit Dominanz; das neue Konzept von Macht basiert auf Schwäche, auf Zweifel, auf Verletzlichkeit. Die alte Macht war hart; die neue Macht ist fragil, brüchig, entsteht aus der Verbundenheit und dem Verständnis der Welt gegenüber.

Aus der Position der Verletzlichkeit und Schwäche heraus stellen sich andere Fragen, ergeben sich andere Antworten. Empathie entsteht daraus, als positive Grenzüberschreitung. Empathie bedeutet erst einmal Ruhe, Zuhören, die anderen sehen, Geduld auch, Genauigkeit womöglich, die Fähigkeit, seine eigenen Bilder und Prägungen zu akzeptieren, sie zu nutzen, um den anderen näherzukommen und damit auch sich selbst. Empathie ist etwas anderes als Solidarität, die strukturierter ist, auch taktischer, die eine Form von Politik – und auch von Markt – voraussetzt, die sich in Sieger und Verlierer aufteilt, Märkte, die extraktiv sind, Wahlen, in denen die eine Seite über die andere triumphiert.

Wir sagen nicht, dass das nicht so ist, so naiv sind wir nicht; wir sagen nur, dass das nicht so sein muss und dass eine andere Welt möglich ist; und mehr als möglich, sie ist notwendig, damit die Herrschaft des Menschen über den Planeten nicht in eine totale Katastrophe führt.

Wir sehen dabei die Hoffnung auf unserer Seite, die der Antrieb ist für jede Art von positiver Veränderung. George Monbiot fasst sein optimistisches Menschenbild mit Begriffen wie Respekt, Großzügigkeit, Mut, Spaß, Liebe zusammen, auch Ehrlichkeit und der Unabhängigkeit, frei zu denken und zu handeln, das Gegenteil also von Anpassung, Feigheit und Opportunismus, das Gegenteil auch von Neid und Unterdrückung, eine konsequente Erweiterung des Begriffs von Freiheit in den persönlichen und zwischenmenschlichen Bereich hinein, als geistige Unabhängigkeit. Die Hoffnung ist für uns auch verbunden mit Handlungsfähigkeit, mit der Erkenntnis, die Möglichkeiten, gerade die technologischen Möglichkeiten der Gegenwart zu nutzen, um die Demokratie, das menschliche Zusammenleben besser zu machen.

Eine neue Demokratie kann nur entstehen, wenn sich die Politik nicht gegen die technologischen Veränderungen sperrt, sondern das innovative Potential des digitalen Zeitalters nutzt, um sich neu zu erfinden. Die starre Form der repräsentativen Demokratie entspricht nicht mehr der Vorstellung von Macht und der Organisationsweise von Menschen, wie sie in der Technologie angelegt ist.

Diese neue Form der Politik entsteht aus einer Macht, die horizontal strukturiert ist, mit engen und komplexen Verbindungen zwischen den Menschen und vor allem zwischen Mensch und Natur, die nicht voneinander zu trennen sind, genauso wenig wie Mensch und Technologie. Die Antworten im politischen Handeln werden zukünftig im Prozess gefunden und nicht in hierarchischen Entscheidungen. Grundlage der neuen Politik ist ein neues Bild vom Menschen.

***

Am Ende, liebe Leser*innen, kommt es auf Sie an. Nur Sie können den Wandel voranbringen, nur Sie können gemeinsam die nötige Energie versammeln, dass Veränderungen möglich werden. Wir haben versucht, die Grundlinien einer anderen Politik und Gesellschaft zu skizzieren. Was uns bleibt, ist ein Aufruf: Werden Sie aktiv. Und denken Sie über folgende Fragen nach:

Wer sind die Akteure einer anderen Demokratie?

Welche Rolle spielen die Parteien in der zunehmend digitalen Demokratie?

Wie wichtig sind außerparlamentarische Bewegungen?

Wo findet Veränderung in der Gesellschaft statt?

Wie lassen sich diese Veränderungen in der Politik abbilden?

Wie können wir eine Kultur des Experimentierens in der politischen Praxis umsetzen?

Wer fordert und verkörpert eine neue Art von Politik, die die Teilhabe der Bürger*innen neu ordnet, die Daten des Einzelnen schützt, die radikal ökologisch denkt und neue lokale Strukturen umsetzt?

Wie kann aus progressiven Projekten in Großstädten wie Barcelona, Amsterdam oder Kopenhagen eine »high-energy democracy« in Europa entstehen, die sich vom Stillstand der repräsentativen Demokratie abwendet und zeitgemäße Entscheidungsmechanismen und technologische Werkzeuge in die Politik integriert?

Wie kann daraus ein technologischer und politischer Ansatz werden, der zwischen amerikanischem Überwachungskapitalismus und der autokratischen Macht etwa Chinas einen dritten, europäischen Weg findet?

Wie verbindet sich dieses Technologieverständnis mit dem Denken des Green New Deal?

Wie können wir Ressourcenverbrauch und Wachstum in ein Verhältnis bringen, das gerecht und nachhaltig ist?

Wie viel Verzicht brauchen wir, um die schlimmsten Auswirkungen der Klimakrise zu vermeiden?

Wie lassen sich Märkte mit technologischen Mitteln anders designen?

Wie kann das Eigentum an Produktionsmitteln demokratisiert werden?

Wie kann Macht anders gedacht werden?

Wie lassen sich Hierarchien, Institutionen, Prozesse so verändern, dass sie inklusiv und partizipatorisch sind?

Was ist die Gestalt des Neuen?

Und wie können wir dem Neuen zum Durchbruch verhelfen?

ANMERKUNGEN

EINLEITUNG

1 Edward O. Wilson in einer Debatte im Harvard Museum of Natural History, Cambridge/Mass., 9. September 2009, Zitate der öffentlichen Diskussion in: Harvard Magazine, 9. Oktober 2009

2 Mishra, P., Das Zeitalter des Zorns: Eine Geschichte der Gegenwart, Frankfurt a. M. 2017

3 Zuboff, S., Das Zeitalter des Überwachungskapitalismus, Frankfurt a. M. 2018

4 Unger, R. M., The Knowledge Economy, London/New York 2019

5 Rosenberg, M. et al., How Trump Consultants Exploited the Facebook Data of Millions, The New York Times, 17. März 2018. Siehe auch: Thompson, N. und Vogelstein, F., Inside the Two Years That Shook Facebook – and the World, Wired, 2. Dezember 2018

6 Morozov, E., To Save Everything, Click Here: The Folly of Technological Solutionism, New York 2013

7 Fisher, M., Kapitalistischer Realismus ohne Alternative?, Hamburg 2013

8 Masson-Delmotte, V. et al. (Hg.), Global Warming of 1.5 °C. An IPCC Special Report on the impacts of global warming of 1.5 °C above pre-industrial levels and related global greenhouse gas emission pathways, in the context of strengthening the global response to the threat of climate change, sustainable development, and efforts to eradicate poverty, IPCC, 2018

9 Lewis-Kraus, G., A Sense of Direction: Pilgrimage for the Restless and the Hopeful, New York 2012

1. DEMOKRATIE

1 Runciman, D., Democracy for Young People, Podcast, 6. Dezember 2018
2 Ebd.
3 Ebd.
4 Mounk, Y., Der Zerfall der Demokratie. Wie der Populismus den Rechtsstaat bedroht, München 2018
5 Runciman, D., How Democracy Ends, London 2018
6 Levitsky, S. und Ziblatt, D., Wie Demokratien sterben: Und was wir dagegen tun können, München 2018
7 Diamond, L., The Spirit of Democracy: The Struggle to Build Free Societies Throughout the World, New York 2008
8 The Economist, Democracy, What's gone wrong with democracy, 27. Februar 2014
9 Fukuyama, F., The End of History?, The National Interest 16, 1989, S. 3–18, hier S. 3
10 Acemoglu, D. und Robinson, J. A., Warum Nationen scheitern: Die Ursprünge von Macht, Wohlstand und Armut, Frankfurt a. M. 2013
11 Vgl. Hancock, T., Chinese consumers: your country needs you, Financial Times, 27. Februar 2019
12 Siehe zum Beispiel: Shahbaz, A., Freedom on the Net 2018. The Rise of Digital Authoritarianism, Freedom House Report, Washington/D. C. 2018
13 Zitiert aus: Klein, E., Astra Taylor will change how you think about democracy. The Ezra Klein Show, Podcast, 5. August 2019. Vgl. Taylor, A., Democracy May Not Exist, But We'll Miss It When It's Gone, New York 2019, und Taylor, A., The People's Platform. Taking Back Power and Culture in the Digital Age, London 2014

2. IDENTITÄT

1 Vgl. Galloway, S., The Four: The Hidden DNA of Amazon, Apple, Facebook, and Google, New York 2017
2 Rosenblat, A., Uberland: How Algorithms Are Rewriting the Rules of Work, Oakland 2018
3 Frey, C. B. und Osborne, M. A., The future of employment: How

susceptible are jobs to computerisation?, Technological Forecasting and Social Change 114, January 2013. Vgl. auch spätere Publikationen der Autoren. Zum aktuellen Forschungsstand siehe Acemoglu, D. und Restrepo, R., Automation and New Tasks: How Technology Displaces and Reinstates Labor, IZA, Institute of Labor Economics, April 2019

4 Manyika, J. et al., Jobs lost, jobs gained: Workforce transitions in a time of automation, McKinsey Global Institute, Dezember 2017

5 Ebd.

6 Galloway, S., The Four: The Hidden DNA of Amazon, Apple, Facebook, and Google, New York 2017, S. 30

7 Ford, M., Aufstieg der Roboter: Wie unsere Arbeitswelt gerade auf den Kopf gestellt wird – und wie wir darauf reagieren müssen, Kulmbach 2016

8 Vgl. Ford, M., Rise of the Robots: Technology and the Threat of a Jobless Future, New York 2015, S. 2

9 Vgl. IHK Berlin, eigene Aussage gegenüber dem Verfasser, Dezember 2018 8

10 Singer, N. und Isaac, M., Facebook Helps Develop Software That Puts Students in Charge of Their Lesson Plans, The New York Times, 9. August 2016

11 Pelley, S., Facial and emotional recognition; how one man is advancing artificial intelligence, CBS News Online, 14. Juli 2019. Vgl. auch Lee, K.-F., AI-Superpowers: China, Silicon Valley und die neue Weltordnung, Frankfurt a. M 2019. Siehe auch TAL Group Konzern-Website

12 Unger, R. M., The Knowledge Economy, London/New York 2019

13 Siehe Opiela, N. et al., Deutschland-Index der Digitalisierung 2019, Berlin: Kompetenzzentrum Öffentliche IT, http://www.oeffentli che-it.de/publikationen

14 Vgl. Mohabbat Kar, R., Thapa, B. und Parycek, P. (Hg.), (Un)berechenbar? Algorithmen und Automatisierung in Staat und Gesellschaft, Berlin 2018, S. 28

15 Zahl der Suchanfragen wird von Alphabet/Google veröffentlicht. (abgerufen Oktober 2019)

16 Susskind, J., Future Politics: Living Together in a World Transformed by Tech, Kindle-Version, Oxford 2018, S. 61

17 Lee, K.-F., AI-Superpowers: China, Silicon Valley und die neue

Weltordnung, Frankfurt a.M. 2019. Hier zitiert nach: Lee, K.-F., AI Superpowers: China, Silicon Valley, and the New World Order, Kindle-Version, Pos 1733–1740

18 Vgl. Roberts, R., Shoshana Zuboff on Surveillance Capitalism, EconTalk Podcast, 29. Juli 2019

19 Ebd. Vgl. auch Biddle, S., Facebook uses artificial intelligence to predict your future actions for advertisers, says confidential document, The Intercept, 13.April 2018

20 Levine, Y., Google's Earth: How the Tech Giant is Helping the State Spy on Us, The Guardian, 20.Dezember 2018

21 Ebd.

22 Eichhorn, K., The End of Forgetting: Growing Up with Social Media, Cambridge/Mass. 2019

23 Ebd. Angaben zur Anzahl der Snapchat-Bilder und -Videos: Unternehmensangaben Snap Inc. vom Oktober 2019

3. AUTONOMIE

1 Harcourt, B.E., Gegenrevolution. Der Kampf der Regierungen gegen die eigenen Bürger, Frankfurt a.M. 2019

2 Greenwald, G. und MacAskill, E., NSA Prism program taps in to user data of Apple, Google and others, The Guardian, 7.Juni 2013. Vgl. auch Harcourt, B.E., Gegenrevolution. Der Kampf der Regierungen gegen die eigenen Bürger, Frankfurt a.M. 2019

3 Vgl. Resolution 2013/2682(RSP) des Europäischen Parlaments vom 4. Juli 2013 und Resolution 2013/2595(RSP) vom 12.März 2014

4 Smith, B., The need for a Digital Geneva Convention, Blog des Unternehmens Microsoft Inc., 14.Februar 2017

5 Ebd. Vgl. auch Morgan, S., 2019 Official Annual Cybercrime Report, Northport/New York 2018

6 Tegmark, M., Leben 3.0: Mensch sein im Zeitalter Künstlicher Intelligenz, Berlin 2017

7 Vgl. Stresing, C.J. et al, Venture capital Fueling innovation and economic growth, München 2018 und Lee, K.-F., AI-Superpowers: China, Silicon Valley und die neue Weltordnung, Frankfurt a.M. 2019

8 Tegmark, M., Life 3.0: Being Human in the Age of Artificial Intelligence, Kindle-Version, New York 2017, S.27

9　Ebd. S. 44

10　Zuboff, S., The Age of Surveillance Capitalism: The Fight for a Human Future at the New Frontier of Power, New York 2019, Kindle-Version, Pos 402, Übersetzung von Georg Diez

11　Ebd. Pos 477

12　Ebd. Pos 404

13　Ebd. Pos 433

14　Ebd. Pos 434

15　Vgl. ebd. Pos 1061

16　Entnommen aus seiner Keynote im September 2019: Raskin, A., Humane Design & Human Protection, Keynote beim Tech-Festival in Kopenhagen, 5. September 2019

17　Ebd.

18　Ebd.

19　Susskind, J., Future Politics, S. 24

20　O'Neil, C., Angriff der Algorithmen: Wie sie Wahlen manipulieren, Berufschancen zerstören und unsere Gesundheit gefährden, München 2017

21　Humane Design Guide unter: Siehe http://humanetech.com/wp-content/uploads/2019/04/humane_design_worksheet.pdf

22　Aus seiner Keynote: Raskin, A., Humane Design & Human Protection, Keynote beim Tech-Festival in Kopenhagen, 5. September 2019

23　Ebd.

24　Wu, T., The Attention Merchants: The Epic Scramble to Get Inside Our Heads, New York 2016

25　The Editorial Board of The New York Times, Why Apple Is Right to Challenge an Order to Help the F.B.I., 18. Februar 2016

26　Gelb, A. und Metz, A.D., Identification Revolution: Can Digital ID Be Harnessed for Development?, Washington/D.C. 2018. Vgl. auch Kilroe, J. et al., Civic. White Paper, Civic Technologies 2017

27　Vgl. Alderman, L., Despite Bitcoin's Dive, a Former Soviet Republic Is Still Betting Big on It, The New York Times, 22. Januar 2019. Siehe auch Jardine, B., Georgia Stakes Place on Wild Frontier of Blockchain Governance, Eurasianet, 16. Mai 2018

28　Kilroe, J. et al., Civic. White Paper, Civic Technologies 2017, S. 4

29　Ebd.

30　Roberts, J.J., Blockchain for Identity: Too Good to Be True?, Fortune Online, 13. August 2018

4. TEILHABE

1 Morozov, E. und Bria, F., Die Smarte Stadt neu denken. Wie urbane Technologien demokratisiert werden können, Berlin 2017

2 Bria, F., Barcelona digital city. Putting technology at the service of people, Publication of the City of Bacelona, Barcelona 2019

3 Ebd.

4 Mazzucato, M., Das Kapital des Staates: Eine andere Geschichte von Innovation und Wachstum, München 2014

5 Ebd.

6 Wiener, N., Gott & Golem, S. 11

7 Ebd. S. 12

8 Ebd. S. 11

9 Ebd. S. 1

10 Ebd. S. 24

11 Barlow, J. P., Unabhängigkeitserklärung des Cyberspace, Telepolis, Heise, 29. Februar 1996 (abgerufen am 16. November 2019)

12 Ebd.

13 Ebd.

14 Frank, T., One Market Under God: Extreme Capitalism, Market Populism and the End of Economic Democracy, New York 2000

15 Vgl. zuletzt seinen Bestseller: Kelly, K., The Inevitable: Understanding the 12 Technological Forces That Will Shape Our Future, New York 2016

16 Rossetto, L., The Original WIRED Manifesto, Wired, 18. September 2018 (abgerufen am 16. November 2019)

17 Turner, F., From Counterculture to Cyberculture: Stewart Brand, the Whole Earth Network and the Rise of Digital Utopianism, Chicago 2006, Kindle-Version, Pos 3869, Übersetzung von Georg Diez

18 Vgl. Sullivan, W. und Thakral, C., World Wealth Report 2019, Capgemini 2019

19 Posner, E. A. und Weyl, E. G., Radical Markets: Uprooting Capitalism and Democracy for a Just Society, New Jersey 2018

20 Ebd. S. 73

21 Bauwens, M. et al., Peer to Peer: The Commons Manifesto, London 2019 (https://doi.org/10.16997/book33)

22 Benkler, Y., The Wealth of Networks: How Social Production Transforms Markets and Freedom, New Haven 2006

23 Bauwens, M. et al., Peer to Peer

24 Ebd.

25 Ebd.

26 Ebd.

27 Ebd.

5. EXPERIMENT UND BEWEGUNG

1 Wiener, N., Gott & Golem, S. 28

2 Brynjolfsson, E. und McAfee, A., The Second Machine Age: Wie die nächste digitale Revolution unser aller Leben verändern wird, Kulmbach 2014

3 Wiener, N., Gott & Golem, S. 30

4 Marantz, A., The Dark Side of Techno-Utopianism, Big technological shifts have always empowered reformers. They have also empowered bigots, hucksters, and propagandists, The New Yorker, 23. September 2019

5 Unger, R. M., The Knowledge Economy, Pos 315

6 Ebd. Pos 438

7 Ebd. Pos 552

8 Ebd. Pos 564

9 Ebd. Pos 1030

10 Ebd. Pos 1103–1109

11 Vgl. Giridharadas, A., Winners Take All: The Elite Charade of Changing the World, New York 2018

12 Unger, R. M., The Knowledge Economy Pos 1725–1777

13 Ebd. Pos 1784–1790

14 Vgl. Susskind, J., Future Politics insbesondere S. 177–179

15 Ebd. S. 212

16 Ebd.

17 Simon, J. B. et al., Digital Democracy. The tools transforming political engagement, nesta.org.uk, Januar 2017

18 Ebd.

19 Susskind, J., Future Politics, S. 244

20 Ebd. S. 245

21 Ebd. S. 246

22 Ebd. S. 247

23 Ebd. S. 251
24 Vgl. ebd. S. 250–253
25 Thornhill, J., Diego Piacentini on GovTech, Financial Times, Podcast, 2. Januar 2019
26 Tufekci, Z., Twitter and Tear Gas: The Power and Fragility of Networked Protest, New Haven 2017
27 Vgl. ebd.
28 Siehe https://runforsomething.net

6. SUPER LOCAL, HYPER GLOBAL

1 Anderson, B., Imagined Communities: Die Erfindung der Nation. Zur Karriere eines folgenreichen Konzepts, Berlin 1988
2 Katz, B. und Nowak, J., The New Localism: How Cities Can Thrive in the Age of Populism, Washington/D. C. 2017
3 Siehe die Website https://www.remix.com
4 Vgl. Cunningham, E., The New Orleans Fire Department Calls on Data to Save Lives, 6. August 2018
5 Hurley, D., Can an Algorithm Tell When Kids Are in Danger?, The New York Times Magazine, 2. Januar 2018
6 Katz, B. und Nowak, J., The New Localism, S. 3
7 Bertaud, A., Order without Design: How Markets Shape Cities, Cambridge/Mass. 2018
8 Vgl. Misra, T., Using Algorithms To Predict Gentrification, Citylab, 27. Februar 2017 und Graham, K., Using algorithms to predict gentrification and fight displacement, Digital Journal, 17. August 2017
9 Vgl. Cecco, L., ›Surveillance capitalism‹: critic urges Toronto to abandon smart city project, The Guardian, 6. Juni 2019
10 Katz, B. und Nowak, J., The New Localism, S. 14
11 Weitere Unterlagen unter https://www.c40.org
12 Bria, F., Barcelona digital city
13 Vgl. Bhatnagar, D. et al., Empowerment Case Studies: Participatory Budgeting in Brazil, The World Bank, Washington/D. C. 2003
14 Vgl. Bria, F., Barcelona digital city
15 Vgl. New Urban Agenda, published by the United Nations, issued by the Habitat III Secretariat, New York 2017

16 Siehe Frech, S. und Scurrell, B. (Hg.), Neuland gewinnen: Die Zukunft in Ostdeutschland gestalten, Berlin 2017

17 Vgl. ebd., siehe die Website www.coconat-space.com

18 Gespräch mit SYSTEMIQ-Gründer Prof. Dr. Martin Stuchtey am 7. Juli 2017

7. MACHT UND EMPATHIE

1 Vgl. Susskind, J., Future Politics, S. 101–102

2 Vgl. Brynjolfsson, E. und McAfee, A., Machine, Platform, Crowd, Teil 3

3 Vgl. ebd. S. 258–259. Siehe auch Lakhani, K. R., InnoCentive.com, Case Study der Harvard Business School, 10. Juni 2008

4 Pomerantsev, P., This Is Not Propaganda: Adventures in the War Against Reality, New York 2019

5 Hier zitiert nach der englischen Kindle-Version: Heimans, J. und Timms, H., New Power: How Power Works in Our Hyperconnected World, Pos 77

6 Monbiot, B., Why ›the will of the people‹ is a myth in British democracy, The Guardian, 24. Oktober 2019

7 Neblo, M. A., Esterling, K. M. und Lazer, D. M. J., Politics With the People. Building a Directly Representative Democracy, Cambridge/Mass. 2018

8 Ebd. Pos 441

9 Ebd. Pos 940

10 Andrew, P., Participatory public governance: why we need it, what it is, and how to do it (in that order), The Mandarin, 18. Oktober 2019

11 Kirchner, T., Ein Experiment, um die Demokratie zu retten, Süddeutsche Zeitung, 21. September 2019

12 Hui, Y., On Cosmotechnics: For a Renewed Relation between Technology and Nature in the Anthropocene, Techné: Research in Philosophy and Technology 2017, S. 1–23

13 Haraway, D., Staying with the Trouble: Making Kin in the Chthulucene, Durham/North Carolina 2016

14 Monbiot, G., Out of the Wreckage. A New Politics for an Age of Crisis, Kindle-Version, London/New York 2017, Pos 117

LITERATURVERZEICHNIS

Acemoglu, D. und Robinson, J.A., Warum Nationen scheitern: Die Ursprünge von Macht, Wohlstand und Armut, Frankfurt a.M. 2013

Alderman, L., Despite Bitcoin's Dive, a Former Soviet Republic Is Still Betting Big on It, The New York Times, 22.Januar 2019

Allen, D., From Voice to Influence: Understanding Citizenship in a Digital Age, Chicago 2015

Anderson, B., Imagined Communities: Die Erfindung der Nation. Zur Karriere eines folgenreichen Konzepts, Berlin 1988

Andreessen, M., Why Software Is Eating The World, The Wall Street Journal, 20.August 2011

Andrew, P., Participatory public governance: why we need it, what it is, and how to do it (in that order), The Mandarin, 18.Oktober 2019

Bartlett, J., The People Vs Tech: How the internet is killing democracy, (and how we save it), London 2018

Bastani, A., Fully Automated Luxury Communism. A Manifesto, London/New York 2019

Barlow, J.P., Unabhängigkeitserklärung des Cyberspace, Telepolis, Heise, 29.Februar 1996 (abgerufen am 16.November 2019)

Bauwens, M. et al., Peer to Peer: The Commons Manifesto, London 2019

Benkler, Y., Network Propaganda: Manipulation, Disinformation, and Radicalization in American Politics, Oxford 2018

Benkler, Y., The Wealth of Networks: How Social Production Transforms Markets and Freedom, New Haven 2006

Bertaud, A., Order without Design: How Markets Shape Cities, Cambridge/Mass. 2018

Bhatnagar, D. et al., Empowerment Case Studies: Participatory Budgeting in Brazil, The World Bank, Washington/D.C. 2003

Biddle, S., Facebook uses artifical intelligence to predict your future actions for advertisers, says confidential document, The Intercept, 13.April 2018

Bostrom, N., Superintelligenz: Szenarien einer kommenden Revolution, Frankfurt a.M. 2014

Bratton, B.H., The Stack: On Software and Sovereignty (Software Studies), Cambridge/Mass. 2016

Bria, F., Barcelona digital city. Putting technology at the service of people, Publication of the City of Barcelona, Barcelona 2019

Bridle, J., New Dark Age: Der Sieg der Technologie und das Ende der Zukunft, München 2019

Brynjolfsson, E. und McAfee, A., Machine, Platform, Crowd: Wie wir das Beste aus unserer digitalen Zukunft machen, Kulmbach 2018

Brynjolfsson, E. und McAfee, A., The Second Machine Age: Wie die nächste digitale Revolution unser aller Leben verändern wird, Kulmbach 2014

Cecco, L., ›Surveillance capitalism‹: critic urges Toronto to abandon smart city project, The Guardian, 6. Juni 2019

Chivers, T., The AI Does Not Hate You. The Rationalists and Their Quest to Save the World, London 2019

Cunningham, E., The New Orleans Fire Department Calls on Data to Save Lives, 6. August 2018

Daugherty, P.R. und Wilson, H.J., Human + Machine: Reimagining Work in the Age of AI, Boston 2018

Davenport, T.H., Only Humans Need Apply: Winners and Losers in the Age of Smart Machines, New York 2016

De Filippi, P. und Wright, A., Blockchain and the Law: The Rule of Code, Cambridge/Mass. 2018

Diamond, L., The Spirit of Democracy: The Struggle to Build Free Societies Throughout the World, New York 2008

Eichhorn, K., The End of Forgetting: Growing Up with Social Media, Cambridge/Mass. 2019.

Eubanks, V., Automating Inequality. How High-Tech Tools Profile, Police, and Punish the Poor, New York 2019

Fisher, M., Kapitalistischer Realismus ohne Alternative?, Hamburg 2013

Ford, M., Architects of Intelligence: The truth about AI from the people building it, Birmingham 2018

Ford, M., Aufstieg der Roboter: Wie unsere Arbeitswelt gerade auf den Kopf gestellt wird – und wie wir darauf reagieren müssen, Kulmbach 2016

Frank, T., One Market Under God: Extreme Capitalism, Market Populism and the End of Economic Democracy, New York 2000

Frey, C. B. und Osborne, M. A., The future of employment: How susceptible are jobs to computerisation?, Technological Forecasting and Social Change 114, Januar 2013

Frey, C. B., The Technology Trap: Capital, Labor, and Power in the Age
of Automation, New Jersey 2019

Frech, S. et al. (Hg.), Neuland gewinnen: Die Zukunft in Ostdeutschland gestalten, Berlin 2017

Fromm, F. et al., E-Government in Deutschland: Vom Abstieg zum Aufstieg. ÖFIT-Whitepaper auf der Grundlage des Gutachtens »Büro-
kratieabbau durch Digitalisierung: Kosten und Nutzen von E-Government für Bürger und Verwaltung« im Auftrag des Nationalen
Normenkontrollrats, Berlin: Kompetenzzentrum Öffentliche IT und
Nationaler Normenkontrollrat 2015

Fukuyama, F., The End of History?, The National Interest 16, 1989

Galloway, S., The Four: The Hidden DNA of Amazon, Apple, Facebook,
and Google, New York 2017

Gelb, A. und Metz, A. D., Identification Revolution: Can Digital ID Be
Harnessed for Development?, Washington/D. C. 2018.

Giridharadas, A., Winners Take All: The Elite Charade of Changing the
World, New York 2018

Graham, K., Using algorithms to predict gentrification and fight displacement, Digital Journal, 17. August 2017

Greenfield, A., Radical Technologies: The Design of Everyday Life, New
York 2017

Greenwald, G. und MacAskill, E., NSA Prism program taps in to user
data of Apple, Google and others, The Guardian, 7. Juni 2013

Habermas, J., Strukturwandel der Öffentlichkeit. Untersuchungen zu
einer Kategorie der bürgerlichen Gesellschaft, Neuwied/Berlin 1962

Hancock, T., Chinese consumers: your country needs you, Financial
Times, 27. Februar 2019

Haraway, D., Staying with the Trouble: Making Kin in the Chthulucene,
Durham/North Carolina 2016

Harcourt, B. E., Gegenrevolution. Der Kampf der Regierungen gegen
die eigenen Bürger, Frankfurt a. M. 2019

Heimans, J. und Timms, H., Die neuen Mächte – New Power. Warum
vernetzte Ideen und Bewegungen die alten Machtstrukturen verändern – und wie wir dies für uns nutzen können, München 2018

Hui, Y., On Cosmotechnics: For a Renewed Relation between Technology and Nature in the Anthropocene, Techné: Research in Philosophy and Technology, 2017

Hurley, D., Can an Algorithm Tell When Kids Are in Danger?, The New York Times Magazine, 2. Januar 2018

Ito, J. und Howe, J., Whiplash: How to Survive Our Faster Future, New York 2016

Jardine, B., Georgia Stakes Place on Wild Frontier of Blockchain Governance, Eurasianet, 16. Mai 2018

Katz, B. und Nowak, J., The New Localism: How Cities Can Thrive in the Age of Populism, Washington/D.C. 2017

Kelly, K., The Inevitable: Understanding the 12 Technological Forces That Will Shape Our Future, New York 2016

Kilroe, J. et al., Civic. White Paper, Civic Technologies, 2017

Kirchner, T., Ein Experiment, um die Demokratie zu retten, Süddeutsche Zeitung, 21. September 2019

Klein, E., Astra Taylor will change how you think about democracy. The Ezra Klein Show, Podcast, 5. August 2019

Lee, K.-F., AI-Superpowers: China, Silicon Valley und die neue Weltordnung, Frankfurt a.M. 2019

Levine, Y., Google's Earth: How the Tech Giant is Helping the State Spy on Us, The Guardian, 20. Dezember 2018

Levitsky, S. und Ziblatt, D., Wie Demokratien sterben: Und was wir dagegen tun können, München 2018

Lewis-Kraus, G., A Sense of Direction: Pilgrimage for the Restless and the Hopeful, New York 2012

Lovink, G., Sad by Design: On Platform Nihilism, London 2019

Manyika, J. et al., Jobs Lost, Jobs Gained: Workforce Transitions in a Time of Automation, McKinsey Global Institute, Dezember 2017

Marantz, A., Antisocial: Online Extremists, Techno-Utopians, and the Hijacking of the American Conversation, New York 2019

Marantz, A., The Dark Side of Techno-Utopianism, Big technological shifts have always empowered reformers. They have also empowered bigots, hucksters, and propagandists, The New Yorker, 23. September 2019

Marcus, G. und Davis, E., Rebooting AI: Building Artificial Intelligence We Can Trust, New York 2019

Mason, P., Klare, lichte Zukunft: Eine radikale Verteidigung des Humanismus, Berlin 2019

Masson-Delmotte, V. et al. (Hg.), Global Warming of 1.5 °C. An IPCC Special Report on the impacts of global warming of 1.5 °C above pre-industrial levels and related global greenhouse gas emission pathways, in the context of strengthening the global response to the threat of climate change, sustainable development, and efforts to eradicate poverty, IPCC, 2018

Mazzucato, M., Das Kapital des Staates: Eine andere Geschichte von Innovation und Wachstum, München 2014

Mazzucato, M., Wie kommt der Wert in die Welt? Von Schöpfern und Abschöpfern, München 2019

Milanovic, B., Die ungleiche Welt. Migration, das eine Prozent und die Zukunft der Mittelschicht, Berlin 2016

Mill, J.S., Thoughts on Parliamentary Reform, London 1859

Mishra, P., Das Zeitalter des Zorns: Eine Geschichte der Gegenwart, Frankfurt a.M. 2017

Misra, T., Using Algorithms To Predict Gentrification, Citylab, 27. Februar 2017

Mitchell, T., Carbon Democracy: Political Power in the Age of Oil, London/New York 2011

Mohabbat Kar, R., Thapa, B. und Parycek, P. (Hg.), (Un)berechenbar? Algorithmen und Automatisierung in Staat und Gesellschaft, Berlin 2018

Monbiot, G., Out of the Wreckage. A New Politics for an Age of Crisis, London/New York 2017

Monbiot, G., Why ›the will of the people‹ is a myth in British democracy, The Guardian, 24. Oktober 2019

Morgan, S., 2019 Official Annual Cybercrime Report, Northport/New York 2018

Morozov, E. und Bria, F., Die Smarte Stadt neu denken. Wie urbane Technologien demokratisiert werden können, Berlin 2017

Morozov, E., To Save Everything, Click Here: The Folly of Technological Solutionism, New York 2013

Morozov, E., The Net Delusion: The Dark Side of Internet Freedom, New York 2011

Mounk, Y., Der Zerfall der Demokratie. Wie der Populismus den Rechtsstaat bedroht, München 2018

Nanz, P. und Leggewie, C., Die Konsultative. Mehr Demokratie durch Bürgerbeteiligung, Berlin 2018

Neblo, M. A., Esterling, K. M. und Lazer, D. M. J., Politics With the People. Building a Directly Representative Democracy, Cambridge/Mass 2018

New Urban Agenda, published by the United Nations, issued by the Habitat III Secretariat, New York 2017

Noveck, B. S., Smart Citizens, Smarter State: The Technologies of Expertise and the Future of Governing, Cambridge/Mass. 2015

O'Neil, C., Angriff der Algorithmen: Wie sie Wahlen manipulieren, Berufschancen zerstören und unsere Gesundheit gefährden, München 2017

Opiela, N. et al., Deutschland-Index der Digitalisierung 2019, Berlin: Kompetenzzentrum Öffentliche IT, http://www.oeffentliche-it.de/publikationen

O'Reilly, T., WTF? What's the Future and Why It's Up to Us, New York 2017

Pelley, S., Facial and emotional recognition; how one man is advancing artificial intelligence, CBS News Online, 14. Juli 2019

Pomerantsev, P., This Is Not Propaganda: Adventures in the War Against Reality, New York 2019

Posner, E. A. und Weyl, E. G., Radical Markets: Uprooting Capitalism and Democracy for a Just Society, New Jersey 2018

Raskin, A., Humane Design & Human Protection, Keynote beim Tech-Festival in Kopenhagen, 5. September 2019

Roberts, J. J., Blockchain for Identity: Too Good to Be True?, Fortune Online, 13. August 2018

Roberts, R., Shoshana Zuboff on Surveillance Capitalism, EconTalk Podcast, 29. Juli 2019

Rosenberg, M. et al., How Trump Consultants Exploited the Facebook Data of Millions, The New York Times, 17. März 2018

Rosenblat, A., Uberland: How Algorithms Are Rewriting the Rules of Work, Oakland 2018

Rossetto, L., The Original WIRED Manifesto, Wired, 18. September 2018 (abgerufen am 16. November 2019)

Runciman, D., How Democracy Ends, London 2018

Runciman, D., Democracy for Young People, Podcast, 6. Dezember 2018.

Rushkoff, D., Team Human, New York 2019

Shahbaz, A., Freedom on the Net 2018. The Rise of Digital Authoritarianism, Freedom House Report, Washington/D. C. 2018

Simon, J. B. et al., Digital Democracy. The tools transforming political engagement, nesta.org.uk, Januar 2017

Singer, N. und Isaac, M., Facebook Helps Develop Software That Puts Students in Charge of Their Lesson Plans, The New York Times, 9. August 2016

Smith, B., The need for a Digital Geneva Convention, Blog des Unternehmens Microsoft Inc., 14. Februar 2017

Srnicek, N., Platform Capitalism, Cambridge/Mass 2017

Stresing, C. J. et al., Venture capital Fueling innovation and economic growth, München 2018

Stuchtey, M., Enkvist, P.-A. und Zumwinkel, K., A Good Disruption: Redefining Growth in the Twenty-First Century, London 2017

Sullivan, W. und Thakral, C., World Wealth Report 2019, Capgemini 2019

Sunstein, C., #Republic: Divided Democracy in the Age of Social Media, New Jersey 2018

Susskind, J., Future Politics: Living Together in a World Transformed by Tech, Oxford 2018

Susskind, R. und Susskind, D., The Future of the Professions: How Technology Will Transform the Work of Human Experts, Oxford 2015

Swanson, A., How China used more cement in 3 years than the U.S. did in the entire 20th Century, The Washington Post, 24. März 2015 (abgerufen am 17. November 2019)

Taneja, H. und Maney, K., Unscaled: How AI and a New Generation of Upstarts Are Creating the Economy of the Future, New York 2018

Taylor, A., Democracy May Not Exist, But We'll Miss It When It's Gone, New York 2019

Taylor, A., The People's Platform. Taking Back Power and Culture in the Digital Age, London 2014

Tegmark, M., Leben 3.0: Mensch sein im Zeitalter Künstlicher Intelligenz, Berlin 2017, hier zitiert: Tegmark, M., Life 3.0: Being Human in the Age of Artificial Intelligence, Kindle-Version, New York 2017

The Economist, Democracy, What's gone wrong with democracy, 27. Februar 2014 (abgerufen am 17. November 2019)

The Editorial Board of The New York Times, Why Apple Is Right to Challenge an Order to Help the F.B.I., 18. Februar 2016

Thompson, N. und Vogelstein, F., Inside the Two Years That Shook Facebook – and the World, Wired, 2. Dezember 2018.

Thornhill, J., Diego Piacentini on GovTech, Financial Times, Podcast, 12. Januar 2019

Tooze, A., Crashed: Wie zehn Jahre Finanzkrise die Welt verändert haben, München 2018

Tufekci, Z., Twitter and Tear Gas: The Power and Fragility of Networked Protest, New Haven 2017

Turner, F., From Counterculture to Cyberculture: Stewart Brand, the Whole Earth Network and the Rise of Digital Utopianism, Chicago 2006

Unger, R.M., Democracy Realized: The Progressive Alternative, London/New York 1998

Unger, R.M., The Knowledge Economy, London/New York 2019

Wainwright, J. und Mann, G., Climate Leviathan: A Political Theory of Our Planetary Future, London/New York 2018

Wallace-Wells, D., Die unbewohnbare Erde. Leben nach der Erderwärmung, Kiel 2019

Weigend, A., Data for the People: How to Make Our Post-Privacy Economy Work for You, New York 2017

Wiener, N., Gott & Golem Inc., Düsseldorf 1965

Wiener, N., Kybernetik. Regelung und Nachrichtenübertragung im Lebewesen und in der Maschine. Mit Ergänzung von 1961 zu lernenden und sich selbst reproduzierenden Maschinen, Düsseldorf 1963

Wiener, N., Mensch und Menschmaschine, Frankfurt a.M. 1958

Wu, T., The Attention Merchants: The Epic Scramble to Get Inside Our Heads, New York 2016

Zuboff, S., Das Zeitalter des Überwachungskapitalismus, Frankfurt a.M. 2018

Autorenfoto: © Christian Werner

GEORG DIEZ war lange Jahre Kolumnist und Autor für Spiegel und Spiegel Online und schreibt u. a. für taz, American Prospect und Foreign Affairs. Zuletzt erschienen von ihm der politische Essay *Das andere Land* (2018). 2016 war er Nieman Fellow an der Havard University. Heute arbeitet er als Direktor für Strategie und Medien bei einem unabhängigen Forschungsinstitut. Bei Twitter: @GeorgDiez1

EMANUEL HEISENBERG ist Gründer von ecoworks, einem Technologie-Start-up, das CO2-neutrale industrielle Sanierung anbietet. Er berät Ministerien, Parteien und NGOs zum Klimawandel und zur Energietransformation. Er studierte in München und Cambridge Geschichte und Volkswirtschaft. Bei Twitter: @EmaHeisenberg